向上管理

深度沟通+正确汇报+自我赋能

王楠 著

化学工业出版社

·北京·

内容简介

本书旨在运用逆向管理思维，帮助基层员工与中层管理人员有效"管理"自己的领导，从而成为企业中的超稀缺员工。

一个人在职场，要想获得更大的发展空间，就要学会向上管理。全书共8章，第1章从总体上阐述被"底层思维"限制的职场人士现状，并引出解决方案——向上管理理论。向上管理是本书的中心主题，全书所有内容均是围绕该主题展开。第2章详细论述了向上管理的基本前提、意义、条件、原则等，旨在让读者对向上管理建立整体认知。第3章着重讲述了向上管理的一个重要前提——"读懂"领导，学会用领导的思维考虑问题、做工作。第4～第7章分别从深度沟通、融洽关系、工作汇报、自我赋能4个方面阐述具体应该如何做好向上管理工作。注重实战，有案例，有方法，条分缕析，手把手教读者掌握向上管理的策略、方法、技巧，快速告别职场"小透明"。第8章剖析向上管理过程中常见问题及对策，以问答的形式介绍了15个问题，为读者解决实际问题提供参考。

图书在版编目（CIP）数据

向上管理 ：深度沟通＋正确汇报＋自我赋能 / 王楠著 .

北京 ： 化学工业出版社 ， 2024. 9. -- ISBN 978-7-122
-45861-2

Ⅰ. B026

中国国家版本馆 CIP 数据核字第 2024B6L511 号

责任编辑：卢萌萌　　　　　　　　　　　　装帧设计：王晓宇
责任校对：王 静

出版发行：化学工业出版社（北京市东城区青年湖南街 13 号　邮政编码 100011）
印　　装：大厂回族自治县聚鑫印刷有限责任公司
880mm×1230mm　1/32　印张 7 3/4　字数 171 千字
2025 年 2 月北京第 1 版第 1 次印刷

购书咨询：010-64518888　　　　　　　　　售后服务：010-64518899
网　　址：http://www.cip.com.cn
凡购买本书，如有缺损质量问题，本社销售中心负责调换。

定　　价：58.00 元　　　　　　　　　　　版权所有　违者必究

前 言

曾经，我对向上管理有些反感，觉得下级只要将自己的本职工作做好就可以了。但后来我辅导了一些中小企业，参与了不少咨询项目，在一家上市公司做 CEO，渐渐地意识到，向上管理是非常重要的。

在自然界中，能在生存环境发生重大变化时存活下来的动物，往往不是最强的那些，而是最具适应能力的那些。同理，在职场中如鱼得水、能功成名就的未必是最有才华的人，而是最"懂领导"的人。

"懂领导"就会善于"管理"领导，不但能力出众，在自己的岗位上做出成绩，还会沟通、懂配合，有大局意识，善于利用自己的一切优势去影响领导，从而获得领导的支持。

大多数下属认为，管理活动必然是自上而下的，因此，时时、事事理所当然地接受领导的"管理"。听从领导管理是对的，但无原则、无底线的被动服从则不可取，领导让干啥就干啥，从不主动干、多干，只顾做好本职工作，其他的"事不关己，高高挂起"。在职场中，这些"两耳不闻窗外事""各人自扫门前雪，莫管他人瓦上霜"的心态十分害人，不但对企业、对团队、对领导无益，而且还大大限制了自身的进步，职场不如意、进步缓慢、缺乏创新能力都与此有关。

广义上的管理活动有两种：一种是大多数人习惯的向下管理，即上级对下属的管理；另一种是向上管理，即下属对上级的管理。两种管理理念，产生的管理效果不同。现代企业中，实行向上管理的越来越多，即下属通过与上级建立高度的信任关系，充分利用上级赋予的权利和资源主动工作，让上级最大限度地参与到自己的工作中来。

本书是一本运用逆向管理思维，帮助下属成为企业中超稀缺员工的书籍。一个人想要获得更大的职场发展空间，就要对领导进行管理，彼得·德鲁克在《卓有成效的管理者》一书中有一个观点：工作要想卓有成效，发现并且发挥出领导的优势才是关键，在工作中，一个优秀的员工除了做好本职工作以外，还要学会管理自己的领导。德鲁克的观点和我们传统的认知不同。

向上管理的核心是通过有效的职场技巧，从领导那里获得信任与支持，从而得到更多的职场资源。为什么要这样做呢？因为职场资源具有稀缺性，职场本身也是不公平的，所以，想得到更多资源就要做好向上管理，与领导建立一种同盟关系。

本书集中围绕向上管理这个主题，从理论、实践两个方面入手，手把手教读者如何掌握向上管理的方法技巧，告别"小透明"式职场，把领导变成自己的资源，快速实现个人跃迁。

在不少下属看来，做好自己就行了，只有领导才可以管理人，"管理"离自己很远。其实，下属需要管理领导，而且不要害怕，它恰恰是你成就领导、不负领导期望的最佳手段。

著者

目录

第 1 章

打破底层思维，
做好向上管理

很多职场人最大的痛苦是没有遇到欣赏自己的领导，无奈发出"千里马常有，而伯乐不常有"的感叹。造成这样的痛苦，原因是多层面的，其中最主要的一个是，自己跳不出底层思维的"怪圈"，缺乏对领导的"管理"。

1.1 职场不如意，源于头脑中的底层思维

当很多人发现自己升迁无望、加薪遥遥无期时，就会怪领导不够重视自己，或者被优秀同事挤兑，或者被新员工拖了后腿。总之，全是他人的问题，自己一点责任没有。其实，造成职场不如意的根本原因，就是自己内心深处根深蒂固的"底层思维"。

⊙ 案例 1

一位新上任的部门秘书，主要职责是辅助领导的日常工作。一次，领导开会，她负责做会议记录，然而，由于这位领导说话带有浓重的地方口音，致使她无法完全听清楚每句话。为了避免出现记录错误，散会后她便当场拦住领导，核对一些模棱两可的地方。

她的行为本是作为下属应该尽的职责，然而却被一些同事认为是"拍马屁"。等领导走后，众人便开始议论纷纷："这位新来的，太会拍马屁了，我们要防着点她。"

然而，这种下属正是领导最看重的。不久，这位秘书果然得到了提拔，成为公司总部的秘书。

上述案例中，那些同事的行为就是典型的底层思维表现。所谓底层思维，可以理解为"底层 + 思维"的合体。底层是指一个人习惯上将自己置于一个很低的姿态，来看待问题、思考问题，出发点往往仅限于自我，没有大格局。思维是指人脑借助语言对事物进行

概括和间接反应的过程。

思维深深影响着个人的行为、习惯、思考问题的方式，一个人只有思维转变了，对这个世界的理解才会更深刻，想到的、看到的才会与别人不一样。相反，如果思维始终维持在一个较低的层次，就像一棵树，即便能开枝散叶，那也是虚假的繁荣，经不起风吹雨打。

底层思维是人与人差别的根源，在职场中具有这种思维的人，对上下级关系的认识是扭曲的。谁与领导走得"近"一点，关系"好"一点，即使是正常履行职责，也会被当成是"巴结逢迎""拍马屁"。

具有底层思维的人，容易陷入两个极端，如图 1-1 所示。

对领导避而远之　　　　　　对领导唯命是从

图 1-1　有底层思维的人容易陷入的两个极端

（1）对领导避而远之

对于大多数下属来说，"畏首畏尾"心理是一种常态。怕与领导接触，见到领导躲得远远的，瞻前顾后，情绪紧张，这对工作场所的人来说太正常了。追根究底，这是一种典型底层思维的表现。也就是说，宁愿长期蜷缩在最低的职位，做着无关紧要的工作，也不愿在领导面前主动表现，争取更多发展机会。

⊙ 案例 2

离上班时间还有 1 分钟，小徐气喘吁吁地跑进办公室。其他同事奇怪地问："小徐，平时不都提前很多到吗？今天怎么迟到了，还累成这样，是堵车了吗？"

小徐坐定后，哭丧着脸说："别提了，本来也提前到了，没想到在电梯口碰到了王主任，而且他一直没有离开的意思。为了不迟到，我急忙改爬楼梯，30 楼啊，好不容易爬上来，我需要先缓缓。"

同事说："不至于吧，我们主任有这么恐怖吗？"

小徐说："你不知道，像我这样有领导恐惧症的人有多可怜，看到领导就像看到老虎，能离多远就离多远。"果然，一些同事也表示或多或少有"领导恐惧症"，平时根本不敢和领导沟通。在电梯里，一碰到领导就只能躲在角落，汇报工作就像是漫长的酷刑，开会永远坐在角落，害怕领导点名让说说想法。

这些"症状"，在职场中是很危险的，职场是人际交往的主要场所之一，与领导相处更是再正常不过。一旦对领导产生恐惧，也意味着你在职场上输了，不但非常容易给领导留下消极、不主动的坏印象，还会导致领导无法了解你的工作状态，你的工作能力，把你列入"黑名单"。如果这样，即使你能力很强，也不会成为升职、加薪的最优人选。

(2) 对领导唯命是从

对领导唯命是从，是底层思维的另一种表现。具有这种表现的人与前面"对领导避而远之"的人恰恰相反，他们极其爱在领导面前表现，善于利用一切机会，甚至人为地制造机会也要出现在领导面前。

以笔者刚入职时的一段经历为例。

⊙ 案例 3

笔者刚入公司时，有幸到总部锻炼，见到了总部的一位大领导。当时，这位领导在小辈眼中，那可是神一般的存在，有着极强的逻辑性、超敏锐的观察力、过人的口才。站在这样一位领导旁边，我们个个变成了"应声虫"，他说啥都点头称是，顺带满眼崇拜。

可是，有一天大领导问我们对下季度销售计划的意见，我们都不假思索地说："领导说得对！"这时，领导突然瞪着我们几个人，大声喊道："你们一定要记住，唯领导是从会害死人！"大家当时彻底蒙了。

经过这些年职场岁月的洗礼，笔者发现自己的想法、做法与当时那位大领导的教诲越来越近了。也开始明白，领导既然职位高，一定有他的过人之处，大多数时候看得更远、想得更多，所以按领导说的办大多数情况下没错。但领导不是神，也有考虑不周的情况，如果盲目服从，可能会让事情变糟。

对领导唯命是从的人，大多数过于在意与领导的关系，没有真才实学，不踏实肯干，却爱迎合领导，揣摩领导的喜好，没有自己的主见和立场，凡事唯命是从。下属"服从"领导，本质上是"职位"对"职位"的服从，而非对某个人的服从。因此，服从要打破底层思维，不做人格的矮化，而是尊重职位分工，坚持原则，围绕工作目标进行平等的合作。

很多时候，领导其实更需要的是一位"参谋"，毕竟一个人的思维能力有限。如果领导做决策时，下属能提出有价值的建议，会令决策更周密、更富有实操性。如果领导开一个研讨会，下属能从多维度提出"反面"声音，能很大程度上促进参会成员积极思考，提升会议成功率，不断提升团队整体实力。

综上所述，具有底层思维，不懂得向上管理的人主要有两种表现：一种是"不管理"，表现为对领导避而远之，从来不和领导主动沟通，都是被动地等着领导发问，像挤牙膏似的完成自己的任务；另一种是"过度管理"，表现为对领导唯命是从，对领导的任意一个行为甚至一个眼神、表情的变化异常敏感，最终失去自我，成为人人讨厌的"马屁精"。

对领导避而远之和唯命是从，都是头脑中的底层思维在作祟。躲着领导，领导也会躲着你，久而久之彼此会越来越不信任，你也永无出头之日；凡事唯命是从者，也不会有长远的发展，有想法的下属远比只知道执行的下属走得更快、更远。

1.2 与其被管理，不如主动向上管理

领导与下属之间存在着互相管理、互相影响的现象，但受传统管理理念的束缚，大多数人将焦点放在了领导对下属的管理上，忽视了下属对领导的"向上管理"。职场中，作为下属应该主动跳出底层思维，使用科学、高效的方法"向上管理"，与领导达成协作共赢的意识，共同实现组织目标。

底层思维是一个人在职场上无法获得成功的最大阻力。因为思维层级太低，其行为必然有局限性，甚至是错误的。

⊙ 案例 4

前不久，一位同事含泪离开了他加入了 5 年的公司。

这是一家创业公司，成长到今天已经初具规模，营收也突破了千万元大关。4 年前作为创始团队成员之一，他加入进来，跟随老板，从零开始，可以说是勤勤恳恳、任劳任怨，还曾因工作太过辛苦劳累导致便血。

但这样一位为公司付出如此心血的员工，却始终被边缘化，得不到老板的重用和赏识。这么努力，为什么领导熟视无睹呢？深入接触之后，才发现老板固然有自己管理上做得不到位的地方，但其实更多的原因还是在员工自己身上，最大的问题就是不懂向上管理。

原来，他一直活在自己价值观的世界当中。"一分耕耘，一分收获"是他笃信的格言，"吃亏在先，福报在后"也是他恪守的准则。但是他没有站在老板的角度考虑问题，就算有站在老板的角度考虑过问题，也没有让老板认识到他的价值所在。

提起管理，大多数人的印象是"向下管理"，即被领导管理。当然，这种管理也是企业管理中的主流，也被认为是企业赋予管理者的必要、合法权力。但对于下属而言，具有这种认知是片面的，管理活动并非只有"向下管理"，还包括"向上管理"。因为上下级之间的关系是相互的，具有可逆性，领导在对下属管理的同时，下属也可以对领导进行逆向管理。

彼得 · 德鲁克早就意识到了向上管理的重要性，在其著作《卓有成效的管理者》中进行过深入阐述。

他对管理的理解是：领导需要借助下属完成部门任务或目标，下属显然是管理对象。与此同时，下属也需要领导赋予权限和分配资源等，以完成工作任务。所以，对下属而言，领导也是他的管理对象。

管理是双向的，如果把领导对下属的管理称为"向下管理"，那么，下属对领导的管理就是"向上管理"。

无数事实说明，与其被动服从，不如主动出击，向上管理做得好的人，往往事半功倍，反之则举步维艰。历史上那些能臣贤相，灿如星辰，然而抱负得以施展，又善终者，屈指可数。轻则退出政治舞台，一生落魄，重则家破人亡，凄惨收场。他们缺的不是才华抱负，而是"管理领导"的能力。还有一些有才之人，信奉"酒香不怕巷子深"，一味默默地等领导发现，结果职业生涯停滞不前，说到底都是欠缺向上管理领导的意识和能力。

向上管理是成熟的职场人士必备的一种能力。向上管理就是管理自己的领导，甚至领导的领导。通过有效的沟通、合理的方式，与领导建立一种良好的同盟关系，使工作更好地开展。

第 2 章

走出底层思维，
做好向上管理

　　向下管理是被动执行，向上管理是主动配合，向上管理更有利于下属能力的发挥。现在很多企业都对向上管理进行了明确定义，如阿里巴巴认为"向上沟通要有胆量"，鼓励员工向上交流沟通，表达自己的意见。

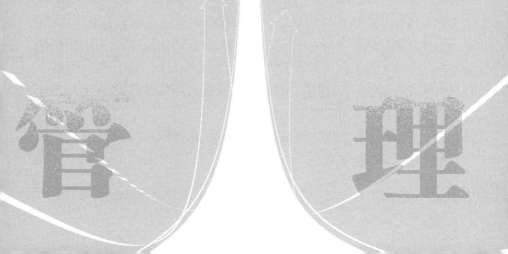

2.1 做好向上管理的两个基本前提

优秀的下属都懂得向上管理自己的领导，向上管理不是迎合、妥协，而是向上沟通、表达关心、寻求支持，基于工作目标配合领导高效地完成工作。

2.1.1 > 认清自己的角色

做好向上管理的第一个前提是要认清自己的角色，即了解自己所在职位以及自己的职责。职位和职责是根据企业业务需要、整体发展需要而设置的，然后根据岗位要求，匹配相应的人员去履行岗位职责。也就是说，一个人之所以坐在了某职位上，是人岗匹配的结果。而有些人则认为，自己的职责是领导安排的，这种认知是非常错误的。正是因为有了错误的认知，才感觉自己比领导低一等，无法主动与领导相处，改善与领导的关系。

上下级之间的关系，是委派与被委派的关系。由于职位、职责的不同，才会出现不同岗位拥有的权限也不同。从这个角度上讲，下属与领导是平等的，不同的是拥有的权限不同。领导利用职位权力，委派下属去完成某项工作，是在履行自己的职责；当下属将工作完成得足够好，或者完成得不太好时，也可以向领导表达自己的想法，这也是作为下属的权利。

所以，在对领导进行管理之前，必须认清楚自己为什么会在这个位置，职责是什么，有什么权限。

在这里涉及一个权利派分，企业中每个人的权利都是岗位赋予的，而岗位权利又是层层派分下来的。权利属于法定代表人，其他所有人员的权利都是通过法定代表人授权而获得。比如，董事会授权给总经理，总经理授权给中层管理人员，中层管理人员再授权给基层管理人员、员工等。换句话说，无论在哪个岗位，所拥有的权利，包括管理权、分配权、奖罚权等都是来自组织赋予，离开组织，权利也就相应没有了。

2.1.2 > 认清管理的对象

同样是领导，但千人千面，风格迥异，面对不同的领导，向上管理的方式也不一样。领导有不同的性格，根据人的天生特质，行为特质动态衡量系统（PDP）将人的性格分为 5 类，并形象地比喻为"老虎""孔雀""考拉""猫头鹰""变色龙"。

Professional dynametric programs（PDP，行为特质动态衡量系统）是一种思维模式和行为模式的分析系统。1978 年，由美国南加利福尼亚大学统计科学研究所、科罗拉多大学行为科学研究所共同提出，可以测量出个人的基本行为、对环境的反应和可预测的行为模式。目前，被广泛运用于企业领导力开发、招聘选才、组织调整、有效沟通、人力资源诊断分析等领域。

这一理论也可以运用于管理者身上，将管理者大致分为支配型、表现型、耐心型、精确型和综合型 5 类。不同类型的领导在对人、对事、对机会的把握和危机处理上有很大差别。图 2-1 所示是 5 类领导及其各自的特性。

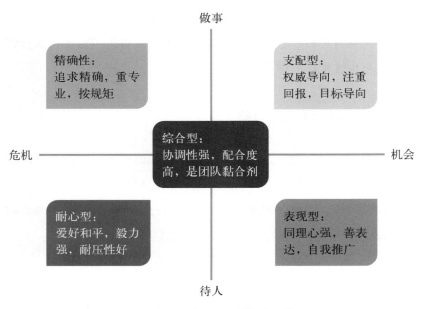

图 2-1 5 类领导及其各自特性

作为下属，在向上管理之前，要对领导的类型有精准认知，明确领导在待人做事、机会把握、危机处理等方面有什么特点，这是做好向上管理的重要前提。

接下来，对不同类型的领导及其特性进行详细阐述。

（1）老虎型

老虎型领导支配欲望特别强，又叫支配型，特点是非常自信、目标远大、勇于挑战、不轻易妥协；自我管理能力强，看问题直指核心，目标导向性强。

面对这类领导，下属正确的做法是尊重他的权威。老虎是山中的大王，挑衅大王，一定会被拍回来的。反过来讲，当自己有好的意见、建议和想法时，也不能慑于权威、唯唯诺诺、不敢表达。

因此，在与老虎型领导相处时，要十分坦然地表现自己，若是表现得太弱，则会被看不起，自然也不会从领导那儿获得更多资源、机会。

当然，在具体表达时要注意方法，比如，有些问题不要当众提出来，而是私下沟通。一开始就告诉领导你要讲的事，或者需要哪些支持。同时，要很直白地表达出来，直奔主题，避免细节性的介绍，因为这类型领导特别注重结果，太过烦琐会令他失去耐心。

（2）猫头鹰型

猫头鹰型（精确型）领导最大的特点是喜欢思考，做事有条理性，讲究逻辑，追求精确，甚至过于完美。在日常管理中，虽然不是特别强势，但说服力、感染力特别强。这类领导另一个特点是性格内敛、不擅长口头表达、对冒险的事情也十分谨慎，宁可不做也不做错。

鉴于此，与猫头鹰型领导进行日常沟通、工作汇报前要作充分准备，因为这类人十分严谨，作为下属如果漏洞百出，会被质疑。同时，要注意讲话的逻辑性，首先把重点讲清楚，然后再层次分明、由浅入深、循序渐进地描绘细节，最后要善于运用数据和案例，有理有据，不要只讲一堆大话、空话，这是绝对不行的。

（3）考拉型

考拉型（耐心型）领导行事稳健、强调平实，有过人的耐力，面对任何困难都能泰然处之。与考拉型领导相处的技巧是，要真诚，与对方战斗在同一战壕，共同努力解决问题，让领导时刻看到自己的付出。另外，在交谈时也不要显得那么正式、拘束，如果时间允许，除了工作方面的内容，也可以谈得更广一些，这点与老虎型领导恰恰相反。

老虎型领导强调用权威进行管理，而考拉型领导强调无为而治，能与周围的人和睦相处，是极佳的中层领导者。

（4）孔雀型

孔雀型（表现型）领导擅长与人打交道，具有良好的沟通能力、说服能力，善于用社交技巧影响他人。这一类型的领导，工作风格是开拓型，爆发力强，富有灵活性，擅长临场发挥。做决策时较为客观，推崇均衡性，会在直觉与事实依据之间寻求平衡。

孔雀型领导的一个缺陷是过于善于表现，尤其是在公众场合，讲到高兴处带有"表演"的成分，常常给人一种华而不实的感觉。遇到这样的领导，作为下属最正确的做法是让他"开屏"，多鼓励，多赞美，送上鲜花和掌声，千万不要抢风头。

至于领导的"表演"成分，要看淡，因为他讲这些话可以说不是认真的，作为下属，也不必认真去听。比如，领导在会议上说了些鼓励你的话，"承诺"未来奖励一套房，说完之后可能就是另外一个版本了：他忘了。这个时候千万不要去找领导兑现，因为他大概率真的忘了。

（5）变色龙型

变色龙型（综合型）领导兼具以上 4 种领导所有的特点，综合能力强，特别擅长整合资源，做大型公司管理。公司小，团队人少时，领导亲力亲为，单一特性领导比较有优势。而在大公司，管理层级较复杂，团队人数较多时，就更需要变色龙型的领导，强调协调性、配合度。

领导分型是从学术研究和整个管理比较大的层面来讲，实际上大多数领导往往不止一种性格，而是几种特性兼具。

例如董明珠，从她的做事风格来看，属于"孔雀型"领导，比如，天生超强的社交能力、沟通能力和说服能力，再比如，低耐心性（高耐心性是"考拉型"的主要特质），缺乏耐心，敢于寻求改变且强调速度，这决定了她是个重实践、追求快节奏的行动派。

同时，她又有"老虎型"领导的特质，自信、进取性强，喜欢冒险、乐于接受挑战，对目标坚定不移。这个特质在她的职场生涯发挥了关键作用，她在《棋行天下》一书中这样写道："我要通过追债这件事评判一下自己的水平，我到底适不适合做营销工作？我能不能成为一名合格的营销人员？"从这一选择不难看出，她身上也带有喜欢挑战自我的"老虎"特质。

有明显性格缺陷者，很难成大事，凡成功的领导者大多具有性格上的多面性。这种多面性是多种因素影响的结果，有的是天性使然，有的是受个人经验、经历的影响，新上任敢冲敢打，属于老虎型的，但在受到很多挫折后，变得更为谨慎，成为考拉型；在企业不同的发展阶段，压力大小也会让性格呈现出多变性，压力小，强调支配，是老虎型，压力大时，则喜欢精确，循规蹈矩，成了猫头鹰型。

所以，这种分类只是给大家一个与领导沟通、交流，分析领导个性的思路，没必要按照某种性格绝对地划分，而是要结合实际情况，多观察、多体会。

2.2 做好向上管理的 5 层意义

向上管理是下属与上级进行开放性的沟通和协作，以确保组织的目标和团队的职业生涯都得到实现的过程。这一过程，对下属而言有着十分重要的意义，主要体现在如图 2-2 所示的 5 个方面。

| 1 | 2 | 3 | 4 | 5 |

获得领导的信任　获取更多组织资源　促进职业生涯发展　促进团队合作　实现与领导的共赢

图 2-2　做好向上管理的 5 层意义

（1）获得领导的信任

下属学会向上管理，可以让自己迅速进步、实现增值。这种增值不仅仅是学识上、工作经验上的，还包括信任的积累。上下级之间的信任，是在一次次沟通、接触和了解中逐步得到加强的。多与领导沟通，能够更好地了解其期望、需求和工作风格，从而避免误解、减少隔阂，获得上级的信任，赢得更多权力和责任。

（2）获取更多组织资源

一般情况下，领导比下属拥有更加丰富的人脉资源、社会资源以及工作经验。通过积极有效的向上管理，下属可以从领导手中获取更多的组织资源和帮助支持，从而减少工作上的阻力，高效达成工作目标。

（3）促进职业生涯发展

学会向上管理，是现代职场发展的必备技能。短期来看，通过向上管理，可以保证与领导的良性工作关系；长期来看，通过向上管理，可以使下属的个人职业生涯顺利发展。由此可见，向上管理还可以增加未来的机会和潜力，为职业发展打下坚实基础。

（4）促进团队合作

向上管理有利于自己与领导管理的其他部门、同事更好地合作协同，间接增强自己的团队意识和大局观，全面理解领导的管理风格，为团队整体利益的实现奠定基础。

（5）实现与领导的共赢

下属与领导之间的关系本质是合作关系。向上管理的作用，就领导而言，可以实现与下属之间的顺畅沟通，有利于全面把控整体工作进度，了解下属的工作现状和存在的问题，从而高效达成工作目标。就下属而言，可以得到领导的工作指导，比如，及时纠错纠偏，提供某方面的帮助，使工作更加顺畅。

向上管理，是下属与领导彼此合作的过程，在这个过程中合作双方实现了共赢，无论领导还是下属都是受益的。总之，做好向上管理能够有效激励上级信任、加强沟通和决策、推动升迁和职业发展、促进团队合作以及改善公司文化。这将为员工和组织带来长期的益处和积极的结果。

2.3　做好向上管理的 6 个条件

做管理是有条件的，领导管理下属，条件是领导者要具备品德、能力、权威、专业知识、情商等多方面的条件。同样，下属管理领导也需要一些基本条件，而且要求更高。这些基本条件包括图 2-3 所示的 6 个条件。

1 充分理解组织的"愿景目标"

2 构建和谐的上下级关系

3 提高期盼值，相互理解

4 确保信息流动的顺畅

5 建立起相互依赖的关系

6 合理借力领导的时间与资源

图 2-3　做好向上管理的 6 个条件

下属在向上管理时候，如果不具备以上条件，就会对领导召开某次会议、安排某项工作的真实意图了解不够。

⊙ **案例 1**

灵灵是某公司的销售经理，一次，领导安排她做一份本月业绩的

PPT 总结，并要求在周五前发给他。她跟领导沟通好 PPT 的设计方向，便去准备数据了。因内容比较烦琐，连续做了两天，最后一天还加班到凌晨 3 点才完成。

第二天一上班，本期待着领导的夸赞，没想到，却被领导痛批一顿："PPT 花里胡哨，不严谨；最关键，罗列的数据，没有突出业务重点，而且彼此间没有逻辑……"

这让她心情瞬间跌入低点，甚至还抱怨："这些数据都是按照领导要求设计的，现在又怨没重点，领导的想法一天一个样，谁能受得了。"看似灵灵很委屈，但其实是她没有意识到领导背后的真正目的。很多工作，领导只公布了表面信息而已。然而，在工作背后的真正意图却未公开：这个 PPT 领导是给谁看？想突出什么业绩？领导最终想呈现什么效果？

与领导相处，下属需要一种"向上管理"的能力，而准确管理领导背后的想法和要求，便是达成共识的一种管理方式。接下来详细阐释下属做好向上管理的基本条件。

(1) 充分理解组织的"愿景目标"

有些人在职场很多年，一直没得到领导的信任和认可。对此，作为下属首先应该反思自己，反思自己到底有没有与领导保持步调一致，达成思想和行为上的共识。领导提倡的，你不理解，领导做的决策，你不支持，你还如何管理领导？

要想与领导达成思想和行为上的共识，首先是对企业、团队愿景目标的认知，要保持与领导同步。有些下属始终不理解企业、团队的愿景目标是什么，有的人甚至认为，这些战略上的东西是领导的事儿，与自己无关。

当你这样想，就注定永远得不到领导的重用，双方在日常工作上也会困难重重。所以，下属做好向上管理，第一个重要条件就是要充分理解企业、团队的愿景和发展目标，在战略大方向上与领导保持高度一致。

（2）构建和谐的上下级关系

和谐的上下级关系通常是指一种既能被上下级双方乐于接受，又能高效解决实际问题的方式。这种关系的建立是非常不容易的，因为上下级之间存在一条天然的"沟壑"，这条沟壑很多时候会阻断双方的关系。

构建和谐的上下级关系，关键是对上下级关系的正确认识。上下级之间要建立一种高度趋同的关系，这种关系的核心是"尊重和平等"，类似于去中心化组织中，各个成员之间的关系，每个角色都是平等的，在自己的位置上各司其职，为共同目标通力合作。大家每个人相互取长补短，求同存异，只关心团队的成长和荣誉，而不争权夺利，不明争暗斗，更不彼此对立。

（3）提高期盼值，相互理解

上下级合作，大多数情况没有好结果的原因是彼此不理解。只有上下级之间相互理解了，才有更好的合作，反之，就会彼此失望。

爱情中有一句话，"因理解而分手"，这句话表面上看是两全其美，尽管最终无法走到一起，但毕竟有过一段美好的时光，结果还好，大家都相安无事。其实，这是一个伪命题，如果真的是因理解而分手，那么就意味着双方在合作初期，并没有很好地交流各自的期望。等能够理解的时候，才发现彼此无法达成对方的期望，最后无奈而分手。

那么，如何做到相互理解，最主要的一个方法就是不断提升相互的期盼。通过多沟通，不断提升各自的期望值，一旦形成这样的状态，双方就会发现对方是一个最好的参照物，不自觉地让自己逐步上升到一个新的高度。相互期盼，对于提升上下级，无论实际能力层面，还是心理层面都是非常关键的。

（4）确保信息流动的顺畅

企业管理最难的是信息管理，管理不好信息是向上管理失控的根本原因。因为向上管理的一个主要构成就是信息流动，包含信息发布、信息传递、信息过滤、信息沟通、信息的形成与控制等。

信息管理的整个体系都取决于上下级之间的信息交流是否顺畅。为此，在向上管理中，一定要建立畅通的信息交流渠道，必要时可以借助第三者来促进信息的流动，否则会影响到向上管理的效果。

（5）建立起相互依赖的关系

兵法云："上下同欲者胜。"在职场中，培养自己跟领导相处的双赢思维，未来才走得更远。下属与领导的关系如果只能用一种状态来描述的话，那就是相互依赖，实现双赢。这也是向上管理很重要的一个条件，即让领导对自己产生依赖，最终实现双赢。

那么，成为一个什么样的人，才能让领导产生依赖性呢？有两点很重要：一是人品，即领导把事情交代给你特别放心，也许能力不足以完成该任务，但依靠极佳的人品，可以动员其他资源保证任务的完成；二是大局意识强，能始终配合领导的工作，当领导遇到难题，不会让领导陷入独自艰难前行的窘境。

果壳网 COO 姚笛，在雅虎工作时，曾负责一个产品部门。他的团队经过一段时间努力，完成一个新品发布，业绩非常好。本想写信鼓励一下大家，但因忙碌，他却忘了，不过，他有个产品经理，当天给他发来一封邮件，内容是写好的员工鼓励信，他只需简单修改即可。他看完信之后很受触动，很庆幸有这么一位用心下属。

下属懂得换位思考，主动帮助领导解决问题，从而得到领导的赏识。其实，向上管理的核心就是彼此成就。而你管理领导的水平，决定你职场的高度。换句话说，只有让领导觉得你人品好，办事又可靠，才能与你建立起真正的相互依赖关系。

（6）合理借力领导的时间与资源

向上管理不是去控制领导，让领导为己所用，而是要领导配合、协助自己，更高效地完成工作。因此，对于下属而言，合理利用领导的时间和资源，是做好向上管理的一个条件。

然而，很多人忽略了这一点，在工作中只顾自己埋头苦干，没有意识到借力领导效果反而会更好。

向领导借力，可以借两种东西，一是时间，二是资源。借时间的意义在于能够带来一个彼此相互了解、相互信任的机会；借资源的意义在于为自己的工作提供帮助。

2.4　做好向上管理的 5 大原则

领导身边聚集着很多下属，为什么有的人能力很强，只能屈居原位，而有的人虽然能力平平，却能不断得到升迁，主要原因是后者懂得向上管理的原则。

不懂得向上管理的基本原则，所作所为就很难符合领导的需求、意愿或习惯。比如，当领导安排的任务，下属无法完成时，会出现各种情况：有的人会找领导反映情况，一顿诉苦；有的人弄点假情况或者假数据报上去；有的人干脆拖着不办，等领导反过来追问。

向领导反馈工作情况，属于一种向上管理，但如何反馈是需要坚持一些基本原则的，否则，直接关乎管理的效果。正如上面提到的，对于领导交代的工作任务，当无法完成时如何向上反馈？第一原则就是要有积极的处理态度，这是必须的。干得怎么样是能力问题，干不干是态度问题。对于类似的问题，下面来看一个案例，借鉴和学习一下前人是如何处理的。

⊙ 案例 2

明朝万历年间，内阁首辅张居正在全国推行土地丈量政策，目的是摸清全国土地情况。这项政策在广东遇到了很大阻碍。那时，广东地区有很多少数民族，土地隶属关系比较复杂，而且当地民风彪悍，对土地丈量政策理解不够，十分抵制，如果强行丈量，可能会引发社会动荡。

于是，几个地方官员就约周治平（广东布政司参政）一起到京城面见张居正，向首辅诉苦，说丈量土地这个事太难了，实在推不下去就算了吧。诉苦还可以理解，但一听停止丈量土地这个事，张居正的脸色马上就变了，并厉声斥责说："让你们丈量就必须丈量，哪里有什么讨价还价的余地，能成什么大事。"

这时候，周治平接过话，说道："好的，相国大人，我们懂了，回去马上就办。"

张居正听到周治平的话，便指着周治平，对众人饶有兴致地说道："还是周治平懂我啊。"几个官员出来后，马上问周治平："相国大人到底什么意思，为什么说只有你懂他呢？"

这时候，周治平慢悠悠地说道："相国大人决定的事情，怎么可以说不办呢？如果不办，相国的权威和面子往哪里放。相国的意思是丈量土地这个事必须办，没有商量的余地，至于怎么办，办到什么程度，让我们灵活把握，只不过相国大人没法明说而已。"

后来，没过多久，周治平就被提拔为浙江布政司，因为在张居正看来，周治平是个有悟性的人。

在大多数领导眼中，下属干得不好，可以给机会多锻炼锻炼，时间久了能力自然会有所提高，但如果态度不行，是万万不会用的。所以，下属在向上管理时要注重原则性，该讲究的必须讲究，这些原则从初级到高级排序，通常有图 2-4 所示的 5 个。

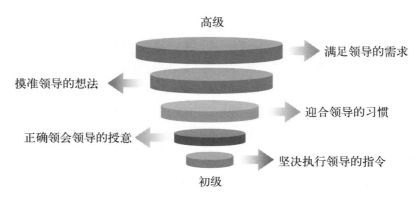

图 2-4　做好向上管理的 5 大原则

（1）坚决执行领导的指令

下属要想做好对领导的管理，首先要认可、尊重自己的领导，而认可、尊重领导第一个主要体现就是坚决执行领导的指令。这是向上管理应遵守的最初级原则，是遵守其他原则的基础。

需要注意的是，在理解领导的"指令"上不能过于狭隘，它包括的范围很广，包含会议决议、计划、想法、命令等在内的多项内容，总结起来有如图 2-5 所示的三类。

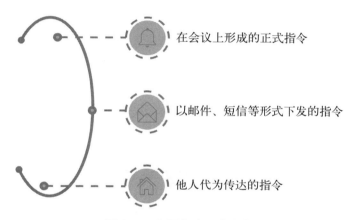

在会议上形成的正式指令

以邮件、短信等形式下发的指令

他人代为传达的指令

图 2-5　领导指令所含内容

（2）正确领会领导的授意

授意与指令一样，都是领导为了完成工作任务向下属布置的工作内容，但在细微之处还是有区别的。指令多是领导明确提出的、经各方论证已形成的决议、计划等，而授意多是领导正在考虑的，或者不太成熟的想法，它没有形成正式指令，正处于征集意见、完善优化阶段。

所以，向上管理，除了坚决执行领导的正式指令外，还要正确领会领导的授意，这是向上管理应遵守的第二个原则。尽管有时领导表达得比较委婉，但该执行的也要执行，比如，谈话中提到的某些意见、想法等。

领导的授意主要包含如图 2-6 所示的内容。

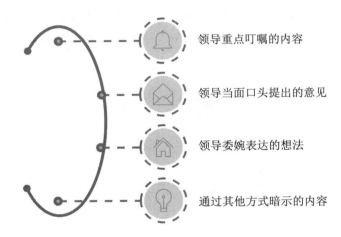

领导重点叮嘱的内容

领导当面口头提出的意见

领导委婉表达的想法

通过其他方式暗示的内容

图 2-6　领导授意所含内容

领导的授意多是在非正式场合委婉表达出来的，因此，就需要下属在工作中能够敏锐观察，多体会，多思考。

（3）迎合领导的习惯

习惯的力量是巨大的，不良习惯让人看起来不思进取、萎靡不振，而良好的习惯则给人积极的印象，好习惯越多，成功概率越高。生活如此，工作亦然，一个成功的领导，身上势必有很多好习惯，而下属做好向上管理的第三个原则就是迎合领导的习惯，用领导的习惯来指导、矫正自己的行为。

然而，对于领导的习惯，下属很难从对方嘴里直接获得，唯一可做的就是善于察言观色，从领导平时的语言、行为中总结。具体做法如表 2-1 所列。

表 2-1　观察领导各主要习惯的做法

习惯	做法
表达习惯	注意领导在表达上用词的偏差，或夸大习惯
沟通习惯	注意领导沟通的语气、语调、节奏等变化与真实意愿的关系
思考习惯	注意领导在思考时是否需要借助某些工具、数据、资料等
管理习惯	注意领导在管理上的思路、着眼点、下手点等
饮食习惯	注意领导在饮食上的口味、喜好、偏好等
作息习惯	注意领导每天工作、休息、主要精力分配等

需要注意的是，不是领导的每个习惯都要掌握，有些与工作无关的习惯，很多领导是不愿意被人知道的。所以，这里涉及一个尺度问题，只需要掌握与工作有关的习惯就可以了，过于隐私的习惯则不必。

（4）摸准领导的想法

向上管理应遵守的第四个原则，是摸准领导的想法。管理领导要精准地摸准领导的想法，如果连领导内心如何想的都不知道，就难以在行为上做到默契配合。不过，摸准领导的内心对大多数下属来说是有难度的。首先要明确领导的想法有哪些，领导常有的想法有如表 2-2 所列的几种。

表2-2 领导常有的想法

想法	具体表现
领导的情怀	领导在某些方面有特殊的情怀
领导的梦想	领导在某些方面的梦想，心心念念的某些事
领导的执念	领导在某些事情上的执念，心里过不去的事
领导创造性的想法	领导基于某些需求提出的一些有创造性的想法
领导天马行空的想法	领导受了某些刺激，进而产生的一些天马行空的想法
领导情绪化的想法	领导受到了某些情绪干扰，进而形成的一些想法

其次，在摸准领导的想法后要马上进一步落实。领导之所以时常感到痛苦，就是缺乏能够解读、落地真正想法的下属。作为下属，在摸清领导的想法后，能实现的要尽快去实现，让想法变成现实，成为领导的坚定维护者、探索者、执行者；无法实现的，也要想办法完善，让想法更接近落地。

（5）满足领导的需求

向上管理应遵守的第五个原则是抓住领导的需求，并不断地去满足。这是向上管理的最高级原则，也是最难遵守的。我们常说要做领导的左膀右臂、得力助手，何为"得力"？所谓"得力"就是能时刻抓住领导当前最迫切的需求，精准抓住潜在的需求。

比如，新上任领导最迫切的需求是自我成长，面对风云变幻的市场和内部竞争，一个新任领导最需要的就是尽快提升自己，这个时候，下属主要任务是帮助领导尽快熟悉新环境，适应新职位。

再比如，有些领导需要听真话，得到真实的反馈，这个时候下属就要做好信息的反馈，帮助领导留意相关信息、提供相关协助。

有些领导工作压力大，情绪不好，当前最大需求是提升情绪管理能力，找一条发泄的途径。这时作为下属就要做好领导情绪管理的"辅助者"。

满足领导的需求，不是迎合，而是解读、预测、理解、关心，具体做法如图 2-7 所示。

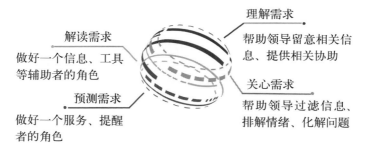

解读需求
做好一个信息、工具等辅助者的角色

预测需求
做好一个服务、提醒者的角色

理解需求
帮助领导留意相关信息、提供相关协助

关心需求
帮助领导过滤信息、排解情绪、化解问题

图 2-7　满足领导需求的 4 种做法

第 3 章

"读懂"领导，用领导
的思维管理领导

　　彼得·德鲁克曾经说，提升效率的第一个秘诀是了解与你合作和依赖的人。对于下属来说，领导就是长期合作并依赖的人，因此，要想保持较高的工作效率，就必须与领导合作，"读懂"领导，做好"向上管理"。

3.1 无法"读懂"领导，就无法管理领导

用一根铁丝开锁，花费再大的力气也是枉然，而用钥匙只需轻轻插进锁孔，一转就开了。原因何在？就是因为钥匙了解铁锁的"心"。职场中，领导就是那把"铁锁"，下属要想了解领导的心，就要做那把钥匙。

无论是身经百战的老将，还是初入职场的菜鸟，想要在职场中站稳脚跟，前提都需要"读懂"自己的领导。

⊙ 案例 1

小刘是公司新来的员工，由于工作表现不错，深受领导喜欢，也顺利获得了转正的机会。

而让她获得领导青睐、顺利转正的原因不仅仅是工作上的表现，还有高情商，她总是能恰到好处地领会领导的意图。

例如，在一次公司聚餐上，聚餐即将结束前，领导特意夸奖了一番小刘，而后拿出自己的卡让其去结账。当小刘结完账回来，走到房间门口时，听到领导正在严厉责备几位老同事。聪明的小刘立马意识到，领导让她去结账真实用意是故意支开自己，目的是不想让她知道公司过多的负面信息。

小刘在领会到领导的意图后，便退后一步，在门口不远处等待，当领导"训话"结束，才回到座位上。小刘恰到好处地回来，给大家留足了"面子"。

上面只是一个很简单的例子，很多人可能轻易就能做到。但在现实中，绝不是如此简单。因为领导不会明确表达自己的意图，往往是"含蓄"地说，有时候是个人习惯，有时候却是客观环境使然。在这种情况下，下属就要有高超的领悟能力和高情商的处理技巧。

在任何企业中，但凡是有成就的人、出众的人，几乎都是"向上管理"的高手，原因很简单，因为有成就的人、比较出众的人，一定是既能得到领导重用又能够左右逢源、"读懂"领导的人。大多数下属无法"读懂"领导的真实意图，无法"读懂"的后果就是无法保质保量地完成工作，有时候尽管完成得很好，业绩也不错，但仍无法获得领导赏识。

⊙ 案例 2

季先生是公司的实干家，他的报告以其详实性受到高度评价，常能提前并超越目标完成项目。他的专业能力得到了同事的广泛认可和团队中无与伦比的业绩验证。然而，一个令人困惑的现象是，季先生并未获得领导的特殊青睐，甚至在关键的决策会议上，他的影响力显得不足。

对此，季先生进行了深入的自我反思。他意识到，尽管他在专业技能上出类拔萃，但可能正是这种过于专注于任务执行，而忽视了与上级的有效沟通。成功的工作不仅在于任务的完成，更在于理解并符合领导的期望，以及对整体公司战略的把握。

因此，季先生决定采取行动，开始积极寻求与领导的交流，征求他们对项目和他工作的看法和建议。他开始关注公司的战略动态，以期理解公司的全局目标。此外，他还开始学习管理知识，尝试从领导的角度去分析问题，并以领导的思维方式去深入理解问题。他开始注意领导的会议发言，以期洞察他们的决策思路。他还主动分享自己的工作进展和思考。

这些改变逐渐产生了效果，领导开始更加重视季先生，主动找他讨论项目，并在重要决策中寻求他的意见。随着时间的推移，季先生得到了应有的认可，尽管他的工作内容没有大的变化，但他的态度和思维方式的转变，使他在团队中的地位得到了微妙的提升。

这个案例强调了，过硬的专业技能以及出色的沟通技巧，都是职场成功不可或缺的因素。

上述案例说明，一个好员工的评价标准，不仅仅是能圆满完成工作任务，还要能"读懂"领导，领会领导的所思所想，这一点对向上管理非常重要。

3.2 "读懂"领导的两层含义

"读懂"领导是下属必须具备的一项能力，它通常包括两层含义。第一层含义，是要彻底领会并认同企业、团队的使命与愿景；第二层含义，是要了解领导的习惯、性格、特点及个人喜好，从而更高效地配合领导。

（1）第一层含义

这层含义是针对企业而言的，是指下属要了解并认同企业、团队的使命与愿景，这是取得领导信任、配合领导展开工作的思想基础。

在现实中，很多下属不了解、不认同企业的使命、愿景，却妄想做好自己的工作。这种工作状态无异于机器，只是机械地完成自己的分内工作。其实，在整个工作过程中，一言一行言行都与企业的要求格格不入。

（2）第二层含义

这层含义是针对领导个人而言的，是指下属要充分理解领导。领导也是普通人，有自己的工作习惯、性格、特点及喜好，作为下属要充分理解、尊重。

比如，汇报工作时要知道领导的工作习惯，因为有的领导是"听众型"，喜欢面对面交流；有的领导是"阅读型"，喜欢看详细的书面报告。当了解了领导的工作习惯后，才能选择正确的汇报方式。

同样，在处理日常事务时，有的领导是事无巨细型，方方面面都要把控，必须了解工作各个细节；有的领导是抓大放小型，不喜欢过于琐碎的细节，有框架有结果就够了。在宣讲方面，有的领导口才极佳，经常开会、演讲等；有的领导沉默寡言，倾向于以行动垂范，以制度规范员工行为。

作为下属，如果"读"不懂这些，就很难与领导一起工作。那么，如何"读懂"领导呢？这就需要下属平时多考虑以下问题，如表 3-1 所列，想明白了这些问题，对领导就有了较深入的了解。

表 3-1 "读懂"领导需要思考的问题

问题	具体内容
1	企业的发展方向和目标是什么？
2	领导最大的兴趣爱好是什么？

续表

问题	具体内容
3	领导最欣赏哪类人？最喜欢哪种做事方式？
4	领导目前遇到的最大困难和瓶颈是什么？
5	领导对自己的期望、要求是什么？
6	领导遇到的最大压力是什么以及是如何解决的？

由于领导出生环境、个人经历、受教育背景等不同，在管理上形成了不同的风格。作为下属，要充分了解、理解他们的风格，否则就很难做好向上管理工作。

⊙ 案例 3

晓琳是一家大公司的销售总监，她的业绩一直保持得不错，很受领导重视，她提出的销售方案，总是很快就能通过，领导也很器重她。不过，随着合作次数的增多，彼此之间逐渐也产生了一些分歧。领导喜欢保守型销售策略，稳扎稳打慢慢开展，而她则主张快速铺开销路提升业绩。

她认为，自己经验丰富，便总坚持己见，多次惹怒领导，工作方向不一致，这让领导开始有意疏远她。晓琳也干得很不舒心，于是就辞职了，而且她将职场中的不如意，全抱怨在领导身上。然而，在职场中，对领导不满而辞职，解决不了根本问题。

真正厉害的员工，并非只是能力出众，而是懂得跟领导相处，能跟讨厌的人共事，才叫有本事。讨厌领导的工作方式，与其辞职，不如耐心成长，增强技能；总跟领导意见不合，与其争执，不如学会相处，合作共赢。读懂领导，掌握跟领导的相处方式，便提高了职场的情商。

3.3 "读懂"领导的 5 个方法

"读懂"领导需要掌握一定的"解读"技巧，只有正确"解读"才能深度了解，只有深度了解才能精准把握领导的真实需求和真实意图。

比如，向领导提交本月份的工作报告，尽管准备得很充分，但仍有可能出现问题。因为领导希望看到的可能是"你在工作中存在哪些问题""哪些地方做得还不够好"，而你的报告中却在强调"我的业绩是什么，取得了哪些成果"，对存在的问题及不足提得很少。

所以，尽管都是工作报告，但由于呈现的侧重点不一样，领导的满意度也大不一样。而之所以出现这样的偏差，就是因为没有"读懂"领导，没有摸清领导对工作报告的真实需求。

"读懂"领导的方法通常有如图 3-1 所示的 5 个。

图 3-1 "读懂"领导的 5 个方法

（1）多接触，创造出镜机会

创造自己在大众面前的出镜机会，需要多接触领导，但这种

"接触"，不是"拍马屁""阿谀逢迎"，而是主动让领导知道你在想什么、做什么。

这里的"主动"主要是指要做领导的"第三只眼睛"，既能看到领导能看到的，也能看到领导看不到的。对于领导而言，喜欢主动的下属，换位思考一下，如果自己是领导，会喜欢什么样的下属？无疑是主动的人，主动沟通，主动汇报工作，主动承担重任。

⊙ 案例 4

刘小姐在进入公司之后，短短 5 年时间就从一名普通职员青云直上升到副总位置。原因是刘小姐工作十分主动，真正扮演好了领导的"第三只眼睛"。

公司原来的总经理得到升迁，于是新招聘了一个人接任。新总经理既不熟悉内部业务流程，对各部门的人员也不是特别了解，工作起来不是特别得心应手。面对这样一位"新人"，刘小姐十分清楚自己要做的就是尽快让新总经理了解这一切。因此，没等总经理问，她就主动递交了公司的运作情况、各个部门主要负责人情况等。

刘小姐凭借着时时主动、事事主动，得到了新领导的赏识。当然，她凭的不是这一件事情，主动做的还有好多。例如，当有老客户约见时，她会在通知经理的时候，告诉他这个客户的基本情况，以能够更好应对；当碰到难缠的人或事，她帮着解围。此类做法，举不胜举。

一个下属如果能力不是特别出众，被领导关注到的概率很小。而如果主动了，必然会受到领导的青睐。所以，作为下属要主动，主动，再主动，以增加与领导交流的可能性，创造出镜的机会。

有人认为，真正做到"时时主动，事事主动"很难，尤其是一些职场新人，短时间内无法精进到这种境界。主动，不是一种多么特殊的能力，而是一种工作态度，一定要有主动意识，同时多观察、多思考，提高倾听能力、辨别能力。

（2）多感受，进行思维切换

多感受，有意识地进行思维切换，是指站在领导的立场进行换位思考的一种方式。这种思考方式的核心是"走近"领导的内心，设身处地地为领导着想，在心理上理解、体会对方。

⊙ 案例 5

领导出差回来，助理连招呼也不打，好像压根不知道这件事情一样。这时，领导心里就会很不好受。反之，如果助理能站在领导的角度，想象一下领导这几天旅程的劳累，主动去打个招呼，端茶倒水，问问旅程是否愉快，合作谈得怎么样等，结果就会大不一样。

下属连问候领导的意识都没有，何谈"读懂"领导。正确做法是，时刻站在领导的立场，理解领导的感受，并把这种感受传递给领导。也许，你觉得自己的工作还没完成，怕浪费时间，也许习惯成自然，认为领导经常出差，又不是一次两次，没必要总打招呼。但无论什么情况，看到领导出差回来，打个招呼是很有必要的。

作为下属如果没有意识，或者不懂得领会领导的心理感受，就不可能与领导有心理上的共鸣，更不可能深入理解领导这样做或那样做的原因，这将会严重影响到自己职业生涯的发展。

(3) 多沟通，掌握沟通技巧

石油大王洛克菲勒说："假如人际沟通能力与糖或咖啡一样也是商品的话，我愿意付出比天底下任何东西都珍贵的价格来购买。"由此可见，沟通的重要性。不过，需要注意的是，与领导沟通，不同于与普通人的沟通，需要讲究技巧，什么能说，什么不能说，能说的又应该如何说。

沟通的技巧很多，具体要视情况而定，但无论采用什么样的技巧，必须坚持一个原则，那就是始终围绕领导的需求。永远记住，不要讲"你认为的"，而要讲"领导认为的"，站在领导的视角想问题，传递信息。

⊙ 案例 6

领导最近要出差，要求你订一张近期的机票，然而，由于正值出行旺季，这几天一票难求，最后你动用所有的好友资源才抢到一张。

就这件事，你怎么与领导沟通？表达方式不同，效果也不同。

比如，你为了强调自己的功劳，对领导说："王总，这次的票太难订了，线上线下我都刷遍了，采用多种途径都没买到，最后没有办法，不得不……"

这些话你也许只是诉苦而已，没有太多的用意，但在领导看来就是在邀功，也许还要批评你借口多，根本不会理解你的辛苦。但如果能站在领导的视角，换一种说法，强调票已经买到，效果就会不一样。

"领导，机票订好了，详细信息已发送至您手机中。不过，这机票还真不好订……"，这样说，既让领导第一时间知道机票已经买到，还能感知你的良苦用心。

（4）多观察，破解领导的肢体语言

在人际交往中，对对方表情、手势、动作及看似不经意的一个小行为进行敏锐的观察，是有效沟通的重要条件。与领导沟通，要观察其肢体语言，通过肢体语言更好地洞悉其内心。

比如，记住一些非常典型的表情、动作，注意领导说话时的常用词、语调、语气、节奏以及隐藏在其中的微妙变化。这些都能传递一种特定的信息，只要抓住要点，就能获取更多有价值的信息。

（5）多配合，与领导保持同一频率

笔者曾经工作过的单位，有这样一位同事，虽然职位不高，但很多事情他都能处理得如鱼得水，而且遇到问题，领导总能给他坚定的支持。乍一看，他是那种有关系、有背景的人。后来，随着对他的逐渐熟悉，才了解到他之所以总能得到领导的支持，并不是因为他有什么关系，而是他善于配合领导，站在领导角度来看待问题，其实，这就是"向上管理"的运用。

人与人站的高度不同，眼中看到的世界也是不一样的。比如，站在路边只能看到来来往往的行人和车辆，但站在 50 层楼，整个城市的美景便尽收眼底。所以，一个人所处的高度决定了其视野。

领导和下属站的高度不一样，因此看问题的角度也不一样。领导看到是事情的"宏观层面"（应不应该），下属看到的更多是事情的具体层面（能不能、有没有必要）。这是下属与领导在一件事情上无法保持同一频率的主要原因。

⊙ 案例 7

领导：我们今年要把客户投诉率从 1% 降到 0%。

小李：领导，1% 到 0% 没什么明显变化，而且降到 0% 也不可能。

领导：你怎么这么多借口……（好好教育一番）。

小李：领导，我们以前也不是没尝试过，但是也没成功啊。

领导：……（又好好教育一番）

　　这种沟通是不会有什么结果的，因为领导一直在说"应不应该做"，而下属一直在说"有没有必要做、能不能做到"，完全不在一个频率。虽然领导提出"降到 0%"的目标是不现实的，但从"应不应该"的角度看却是十分合理的，而且领导提出来的，肯定是有事实依据的，很难改变，下属做无谓的争论没有任何意义。正确的做法是，顺着领导的想法，认同"应不应该"，然后再提出自己的意见。

⊙ 案例 8

领导：我们今年要把客户投诉率从 1% 降低到 0%。

小李：对的，我同意您的看法，零投诉率是值得去做的，这样可以树立更好的品牌美誉度。不过，我想提一个个人看法。

领导：请说。

小李：从 1% 降到 0%，实际操作难度还是很大的，以前我们有试过但没有成功。不过现在条件不同了，我们还可以重新尝试一下。另外，我觉得 1% 的客户投诉率在业界其实也很低了。

　　领导：你说得也有道理，我会考虑，这件事我们先试试再说。

　　因此，要想看得更远，必须站得更高，理解领导，站在领导的角度，配合领导看问题、想问题，就会发现不一样的世界。当站在领导的高度想问题时，便会和领导处在同一个高度、同一个频率、同一个轨道。

　　当然，完全按照领导的想法行事，也是不太可能的。上下级之间存在着能力、权力、资源和信息上的不对称，这些都导致下属的格局和境界很难超越领导，从这个角度看，下属是无法完全"读懂"领导的。

第 4 章

深度沟通：构建上下级间的绝对信任

管理需要资源，资源的分配权力在上级领导手中，因此，当下属需要获得更多资源时，就需要与领导进行深度沟通，通过沟通，构建上下级之间的绝对信任，通过信任实现资源的无限交换。

4.1 深度沟通，取得领导的信任

管理学之父彼得·德鲁克曾说："你不必喜欢、崇拜或憎恨你的老板，你必须管理他，让他为你的成效和成果提供资源。"工作是一种修行，想在职场稳步发展，应该掌握与领导深度沟通的技能。深度沟通是下属向上管理的重要方面。

上下级之间的沟通是建立信任的开始，而且沟通越有深度，信任关系越牢固。

⊙ 案例 1

峰哥是笔者微信上的一位朋友，他是一位自媒体编辑，我们的认识始于微信聊天。沟通次数多了，也逐渐熟悉起来，聊天内容从简单的嘘寒问暖，上升至工作上的相互帮助、业务上的探讨。沟通时间可能很短，但每次都是一种信任的升华。

比如，我写完文章，让他帮忙把把关，他总是及时回复"收到，马上看"或者"抱歉，我正在忙，稍后再看"。

在沟通上他还有一个好习惯，就是在正式聊完之后，经常会说些简短的、富有正能量的鼓励性的话，有时候是一个简单的表情。不要轻视这个"附加"，这些点赞、鼓励性的语言、表情是整场谈话的点睛之笔，是强化双方信任关系的强心剂。

所以，尽管我们未曾谋面，但仅仅通过微信就能感觉到他人不错，而且特别值得去信任。究其原因，还是因为他说话礼貌又中肯，总是让人觉得很舒服。

可见，良好的沟通是建立信任的基础，尤其是在当今这个互联网高度发达的时代，人与人之间的联系大都在线上虚拟的网络中进行，用沟通建立信任更加重要。试想一下，你与朋友可能几个月不见面，但丝毫不会影响到友情；你与合作伙伴从未在线下见过面，但已经非常愉快地合作了很多年。

上下级之间更需要信任，而这份信任必须靠沟通来建立，无论是面对面的，还是线上虚拟的。就下属而言，必须掌握沟通这门技术。

然而，很多下属虽然与领导有沟通，但只浮于表面、流于形式，因此效果很差。上下级之间的沟通需要有一定的深度，那么，下属如何与领导进行深度沟通呢？如图 4-1 所示。

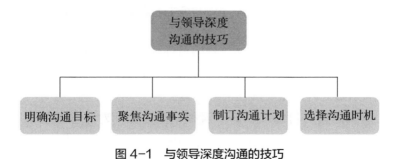

图 4-1　与领导深度沟通的技巧

掌握沟通技巧，逐渐养成在任何场合都能与领导有意识地进行深度沟通的习惯，不仅能使当下的工作达到事半功倍的效果，而且对于个人长远发展也是非常重要的。

4.2 与领导深度沟通的技巧

4.2.1 明确沟通目标

与领导深度沟通，需要掌握的第一项技巧就是明确沟通目标。这个目标包括两个层面的意思，具体如图 4-2 所示。

1.明确自己的沟通目标

无论是你找领导的主动沟通，还是领导找你的被动沟通

2.预判领导想要的目标

包含领导明确提出的和不方便讲出需要下属领悟的

图 4-2 沟通目标的两层含义

自己的沟通目标与领导想要的目标都是上下级沟通的目标，两个都要兼顾，任何时候都不能脱离，一旦脱离必定出现问题，导致整个沟通陷入低效和误解之中。

明确沟通的目标，表面上看很简单，然而对于很多下属来说并非易事，因为你想象的那个结果与领导想要的不一致。所以，沟通目标，一定要基于工作性质、自身实力和领导期望，经过客观分析、总结去确定。

在确定沟通目标时，可以按照如图 4-3 所示的步骤进行。

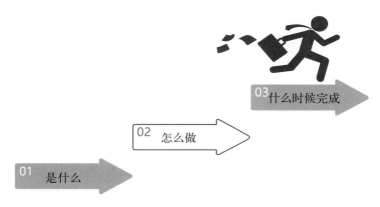

图 4-3　总结沟通目标的 3 个步骤

当接到领导发出的指令、安排后，要问"是什么"；在执行或有疑惑时，要及时问"怎么做"；如果心中非常有把握在预期内完成这件事，要问"什么时候完成"，如果没有把握，可做阶段性总结，明确"做到了什么程度""已做了什么、尚未做什么"。

4.2.2 聚焦沟通事实

事实是沟通的基础，在沟通中必须时刻聚焦事实。它使双方的沟通基于一个客观情况进行，而不被情绪及不确定因素左右。那么，如何聚焦事实呢？这里涉及用到一个工具：FIRE 模型。

该模型是一个非常重要的以事实为底层逻辑而形成的沟通模型。其中，FIRE 是 facts（事实）、interpretation（解读）、reaction（反应）和 ends（结果）英文首字母的缩写，包括事实、解读、反应及结果 4 个部分，通过对这 4 个部分的梳理，可以凸显出沟通的事实。

FIRE 模型 4 个部分之间的关系及具体含义如图 4-4 所示。

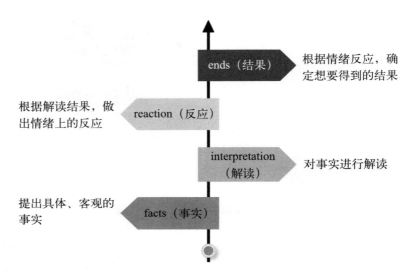

图 4-4　FIRE 模型 4 个部分之间的关系及具体含义

接下来，再结合一个职场中常见的情景进行分析。如就文件打印一事，员工 A 打印一份文件，因出错而被领导批评了。当领导开始反馈时，他就需要马上代入 FIRE 模型。具体如下：

第 1 步：事实→打印文件确实有两处错误。

第 2 步：解读→领导认为我不重视他的话，可能还忽略了其他事情。

第 3 步：反应→领导对此很生气，并且很焦虑。

第 4 步：结果→领导希望我重新核对所有材料。

从事实到解读，到情绪反应，再到期望的结果，经过以上分析，事实就很明确了，即使与领导沟通也知道应该如何说，重点是什么，如何应对领导的态度。

与领导沟通的所有事情都可以代入 FIRE 模型中进行分析，只有代入该模型，才能基于领导所说的话本身（即事实），进行冷静分析，得出客观结论，从而避免自己因受主观意愿、负面情绪的影响，而做出情绪化判断。

那么，应该如何理解 FIRE 模型的 4 个部分呢？

（1）事实（facts）

在与领导开始沟通前，一定要确认沟通的事实是什么。如果领导说的是这件事，你说的是另外一件事情，那沟通就很难正常进行，更无法得出一致的结论。所谓事实，就是沟通中确实存在的或发生的事情，在衡量标准上，是客观存在的、有详细描述的，而且不带有任何个人感情色彩。

（2）解读（interpretation）

解读是在确认事件后，对事实的分析和理解，只有分析透彻，真正地理解了，才能得出事实存在的目的或意义。需要注意的是，在事实和解读之间总会存在一些差异，因为解读的过程与解读者个人的知识、经验有关，有时是客观的，有时是带偏见的。

比如，同事 A 说话很大声，同事 B 将它解读成 A 因为资历深要威风，所以粗鲁又傲慢。其实，也许只是性格问题。

（3）反应（reaction）

反应是根据解读结果而产生相应的一系列情绪反应。同样的事情，同样的话语，不同的人感知不同。仍以同事 A 说话很大声为例，同事 B 将它解读成是 A 粗鲁又傲慢的表现，这样就导致 B 很愤怒，愤怒就是情绪反应。过激的情绪反应不是事实造成的，而是由对事实的错误解读造成的。

（4）结果（ends）

经过情绪反应后就会期望某种结果。比如，上面提到的同事 B，他希望 A 道歉，并且以后改掉大声说话的习惯，这就是 B 期望的结果。

综上所述，从解读，到反应，再到结果这一系列操作，很有可能是不客观的，这些不客观的解读和反应，势必会造成错误的结论。那么，如何合理利用 FIRE 模型呢？这就要求在使用 FIRE 模型时要特别注意两点。

第一，基于客观实际进行。在沟通之前整理大脑中的想法，将事实与解读、反应和结果区分开，把注意力集中到"事实"这一点，所有沟通都要以事实为基准。

第二，实行自我抽离。自我抽离是在意识里安装一台"全天候 360 度摄像机"，透过"摄像机镜头"观察自己，形成属于自己的独特视角。把注意力放在"听到的言辞"和"观察到的行动"上，减少不正确的解读、强烈的负面情绪反应和不合理的结果，还原真相本身，围绕事实，进入最理性的状态，达成最终的沟通目的。

4.2.3 〉 制订沟通计划

与领导沟通，如果光靠口头表达，注定最终会两手空空地回来。因为，光靠口头表达往往是不够的，还要准备一份完善的沟通计划。沟通计划可让沟通全程逻辑严密、层次分明、有理有据。

沟通只是方式，内容才是重点，所以，与领导沟通，无论采用什么方式，重在突出所要沟通的内容。一份完善的沟通计划可以全面展现沟通内容，明确所要表达的观点和结论，以及支持该观点和结论的证据，并恰当地运用表达方式，提高表达效果。

制订沟通计划的具体步骤有以下 3 个。

（1）对沟通双方的实际情况进行分析

沟通双方的实际情况分析如表 4-1 所示。

表 4-1　沟通双方的实际情况分析

项目	实际情况
地点	选择的地点合适吗？
	地点需要预订吗？
	其他参与人员方便前往吗？
设备	是否需要投影仪、小册子或其他小物品？
	参与人员需要做记录吗？
	需要准备饮料和点心吗？
时间	大概要进行多长时间？
	具体定在什么时间？
	能保证中途不被打扰吗？
书写工作	你是否已经查阅过所有相关的书写资料？
	你拿到了所有相关文件吗？
	需要做记录吗？
关于自己	正如确定别的资源已经到位一样，也要保证自身的准备工作做好
	迟到或衣冠不整 = 告诉所有人你不重视
	由此引发的任何急躁、疑惑或压力都会分散你的注意力
	力争提前 5 分钟到场并检查一下相关的各种细节，稍微放松一下自己

（2）制订详细的工作辅助表

工作辅助表主要是为了弄清楚沟通的每一个细节，以便随时能够答出领导的疑问。要求能全面掌握工作的情况，熟知工作的原本计划、目前推进的情况、遇到的问题及改进后的情况。工作辅助表模板如表 4-2 所列。

表 4-2　工作辅助表模板

工作辅助表（周表）							
编号	开始日期	结束日期	所需时间／天	具体描述	当前完成状态	进度	遇到的问题及改进情况
1							
2							
3							
4							
5							

（3）预测可能出现的异议和争执

预先周密地做好各种应对预案，最好准备两套以上，而且能分析各方案的利弊，有利于领导决策。为方案做好周密、系统的准备，若领导同意了某一方案，应尽快整理成文字再呈上。一方面使工作有始有终，另一方面以免日后领导改变主意，造成麻烦。

4.2.4　选择沟通时机

决定沟通效果的，除了沟通目的和沟通计划，还有沟通时机。

沟通时机包括 3 层含义，具体如图 4-5 所示。

沟通时机：确定领导
有充裕的时间沟通

沟通场景：在什么情沟通时效性：明确整个
景需要与领导沟通　　　　　　　　　　　　　　　　沟通所花费的时间

图 4-5　沟通时机的 3 层含义

（1）沟通场景

沟通场景，即在什么情景下需要与领导沟通。领导的时间往往是非常珍贵的，不是下属想沟通领导就必须无条件配合，而是主要取决于沟通内容。一般在 3 种情景之下，需要向领导申请沟通。

① 工作进行到关键节点：工作任务上关键的节点，如项目立项开工、项目交付、项目验收前后等。

② 工作遇到重大且难以决策的问题：重大的问题，且不在自己的权限范围内，要主动向领导沟通请示。

③ 工作中遇到事关领导的事儿：与领导有关的事儿，哪怕再小，也要第一时间与领导沟通。

（2）沟通时机

沟通时机，即确定领导在什么时间有充裕的时间进行沟通，找准领导的沟通时间很重要。

比如，今天领导非常忙，很难坐下来聊聊天，那么此时就不要找领导，否则，沟通的效果会非常差。再比如，领导今天心情不好，也不要去沟通，否则领导可能会把坏情绪发泄在你身上。

与领导沟通，前提是对方有充裕的时间，这才能让沟通有持续进行的可能。然而，在确认领导是否有时间上，很多人问题百出。

⊙ 案例 2

一个下属找领导汇报工作，领导给了他半个小时，并表示 20 分钟后有个会议要开。下属十分肯定地表示只要 10 分钟就够了，结果这位下属东拉西扯说了一堆，20 分钟过去了还没说重点。这时，领导只好打断他的谈话，匆匆开会去了。

这个小例子说明，作为下属在与领导沟通之前，一定要认真考虑自己需要多长时间，能不能匹配领导的时间窗。如果时间不允许，能不能长话短说，领导着急去干别的事儿，自己却说个没完，这样的沟通怎么能达到沟通目的呢？

⊙ 案例 3

有次总经理正准备召开一次紧急会议，在会议室门口，被拿着文件急匆匆跑过来的部门经理唐经理截住，唐经理说："王总，这件事情需要您马上批准，不然就要违约了。"

对于唐经理来说，可能是考虑到总经理非常忙碌，见到总经理也不容易，急于把话说清楚。而对于总经理来说，他从寥寥几句话很难准确得知下属的用意，而且注意力可能都在即将召开的会议上，不可能马上批准。

所以，在这种情况下，沟通效果会大打折扣。

所以，沟通一定要选择适当的时机。选择好的时机去沟通，效果也是事半功倍。如果不确定领导何时有时间，在沟通之前，不妨先给领导发条消息或电子邮件，写明沟通要点，再约定具体时间；如果把握不准领导心情，可以事先向秘书或助理旁敲侧击问问。

（3）沟通时效性

沟通时效性是指依据所沟通的内容，明确谈话截止时间。沟通也需要时效性，日本非常著名的职场顾问桑原晃弥提出了一个理论，即祝福要"当场传达"、道歉要"在事发当天"、提交要"早于承诺"，这个理论的核心就是时效性。

上下级之间的沟通具有明显的时效性，超越该时间范围，沟通效果会逐渐减弱，甚至出现负影响。因为拖延的过程，本身就是在向对方传递一种信息，比如，不重视、不负责任等。这就像水果放在冰箱里，营养成分会逐渐流失一样，直到有一天过了保质期彻底烂了，再吃就会对身体有危害。

这就是沟通时机选择的必要性，有得选的情况下，仔细斟酌一番，确定一个明确的时间范围，有助于沟通取得事半功倍的效果。

4.3　与领导深度沟通应具备的能力

4.3.1　清晰表达的能力：表达观点准确无误

关于与上级沟通的能力，先看一个例子：

曾有一位网友因晒出与领导的微信对话截图而登上热搜，并引发了热议。截图显示该网友因在微信中只回复了领导一个"嗯"而被责备，如图 4-6 所示。领导的大意是，回复时不能只说"嗯"，这是沟通的最基本礼仪，令人没想到的是，这位网友倍感委屈，愤然离职。

图 4-6　某网友与领导的微信对话截图

这张截图晒出后，评论区大部分人令人意外地站在了领导一边，称赞领导做得对。这位网友的回复确实存在问题，从沟通目的看，沟通意在传递信息，仅仅一个"嗯"字，既没有实质性的内容，也看不出任何情感流露。对方根本不清楚自己所表达的意思，难怪领导会不满意。

面对领导的提问，正确的回答方式有两种。仍以上述案例为例，如果已经安排妥当，要先确认领导的话，然后再重复一遍。可以这样回答：是的张导，所有事情都安排好了，您放心吧；如果尚未安排好，就说清楚哪个环节尚未安排，以及什么时间能完成。可以这样回答："事情的 ×× 环节还没安排，我会在下午 5 点左右处理完毕。"

沟通，本是一件简单的事，在职场却不那么简单，将想要沟通的信息清晰地表达出来是一种能力，这并不是每个人都能掌握的。因此，与领导沟通最重要的一个能力就是清晰表达的能力，能准确无误地向领导呈现自己的观点。

然而，绝大部分下属做不到，可能是怕观点得不到认可，也可能是怕得罪领导，在领导面前说话总是小心翼翼、避重就轻、用词含糊，以此模糊自己的立场，这就势必使得观点表达得不够清晰，影响到沟通效果。

罗振宇曾在电视节目《奇葩说》中表示："当代社会，最重要的能力是表达能力。"与领导相处过不了表达这一关，即使其他能力再出众，也容易被埋没。

电视剧《小别离》中也有一个桥段，同样可以说明清晰表达能力的重要性。

⊙ 案例 4

某化妆品公司的销售总监童文洁，与另一个总监戴安娜一直不和。一次，童文洁由于个人的事情及请病假影响到团队业绩，被降为后勤杂工（其实与戴安娜刻意打压有关），这也使得她与"冤家"戴安娜成了上下级关系。

因降级的事童文洁就备受打击，现在又与戴安娜成为上下级，自然心情不好，不得已隐忍了一段时间后，终于来了转机，她听说总公司要在郑州设立分公司，并需要一名主管前去开拓新市场，鉴于此，她觉得去郑州是个机会，于是找到戴安娜沟通，清晰表达出了这层意思：

我现在是你的手下，对你构不成威胁，我做好了，你也有功劳。最后她获得了这个机会，果然，凭借良好的成绩再次回到总监的位置。

面对之前的对手、现在的领导戴安娜，童文洁的一席话，完全符合"清晰表达的能力"，即清楚自己想要什么，能带给对方什么，开诚布公、据理力争，最后达到了沟通的目标。"说在点，听在心"，沟通是双向的，沟通不但要清晰地表达自己的想法，还要让对方能理解，这是下属清晰表达能力的体现。

综上所述，与领导沟通必须具备清晰表达的能力，让表达的观点更易于理解。清晰表达的能力包括如图 4-7 所示的 3 个方面。

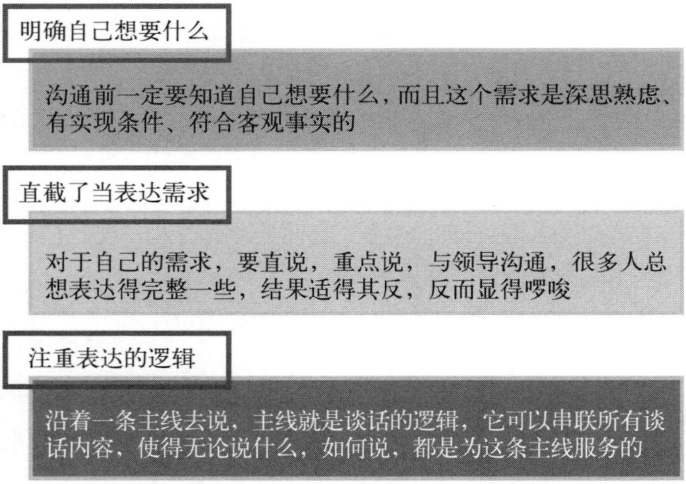

明确自己想要什么

沟通前一定要知道自己想要什么，而且这个需求是深思熟虑、有实现条件、符合客观事实的

直截了当表达需求

对于自己的需求，要直说，重点说，与领导沟通，很多人总想表达得完整一些，结果适得其反，反而显得啰唆

注重表达的逻辑

沿着一条主线去说，主线就是谈话的逻辑，它可以串联所有谈话内容，使得无论说什么，如何说，都是为这条主线服务的

图 4-7　清晰表达能力包含的内容

4.3.2 简单表达的能力：越简单越容易被记住

与领导深度沟通应该具备的第二项能力是简单表达的能力。一般来讲，现场沟通是不可能有足够时间进行长篇大论的，必须抓住要点、突出重点，以最简单、凝练的语言进行总结式沟通，让领导

听了就能记住。

那么，如何掌握简单表达的技巧呢？具体可以按照如图 4-8 所示的做法进行。

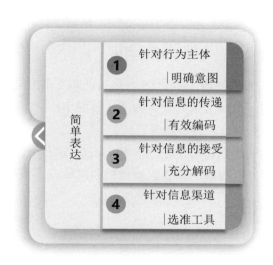

图4-8　简单表达的具体做法

（1）针对行为主体，明确意图

行为主体即沟通对象，比如，与部门主管沟通，行为主体就是部门主管；与总经理沟通，行为主体就是总经理。与不同行为主体沟通，沟通意图是不同的，针对特定的行为主体要明确沟通意图。

在明确领导沟通意图的做法上，具体可以从沟通前、沟通中和沟通后 3 个阶段入手。沟通前多积累对领导的了解；沟通中多思考领导为什么会这么说、这么做；沟通后要再次确认自己的理解是否正确。

沟通后的确认十分重要，每次沟通结束前，一定要对领导的意图重复确认。例如，可以这样问："王导，这件事您主要目的是……""您看，我理解有没有偏差或遗漏的地方？"

这样既可以纠正对领导意图理解的偏差，也能让领导感觉到你在尊重他、接纳他的想法，会为后续的沟通奠定良好的基础。

（2）针对信息的传递，有效编码

信息是沟通的内容，沟通的最终目的就是让信息在沟通双方实现高效传递，最终达成共识。为了让领导更高效、准确地接收信息，沟通前需要对信息进行编码。

对信息编码是指将所传递的信息，以对方易于接受的形式传递出去，变成对方能理解的语言。有效的信息编码必须同时符合如图4-9所示的3点。

符合领导视角

无论沟通目的是什么，沟通开始后一定要从领导视角进行编码。从领导视角进行编码，能让领导第一时间感知到自己的意图被领悟了，这样，领导的态度、行为就会与沟通目标保持高度一致

符合领导喜好

领导的性格、喜好、背景不同，对信息的解码方式接受度也不同。比如，有的领导喜欢言简意赅，有的喜欢详细说明，有的愿意听结果，有的喜欢了解过程。因此，虽然沟通的是同一件事情，也最好能根据领导喜好编码

适时调整编码

信息编码好并传递出去后，要注意观察领导接受信息后的反馈，以确定信息编码的效果。比如，观察领导的表情、动作，领导的眉头是不是皱起来了，是不是心不在焉了。一旦领导的反馈有偏差，就要对编码方式进行适时调整

图4-9　有效的信息编码应该符合的3点

（3）针对信息的接受，充分解码

解码是在沟通中，接受领导信息的过程，通常与编码相对，编码即将沟通的信息传递给领导的过程，两者是相逆的。

在沟通中，下属需要针对领导传递过来的信息进行解码，解码的步骤大致有3步，分别为倾听、组织和复述，具体如图4-10所示。

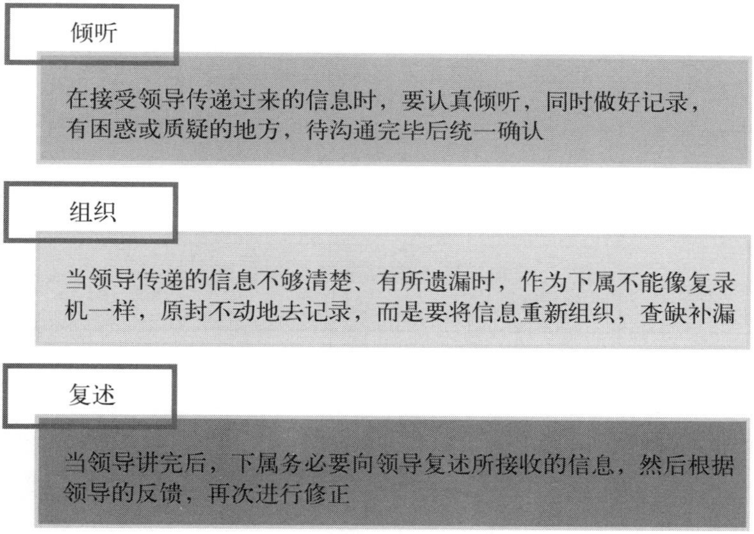

倾听

在接受领导传递过来的信息时，要认真倾听，同时做好记录，有困惑或质疑的地方，待沟通完毕后统一确认

组织

当领导传递的信息不够清楚、有所遗漏时，作为下属不能像复录机一样，原封不动地去记录，而是要将信息重新组织，查缺补漏

复述

当领导讲完后，下属务必要向领导复述所接收的信息，然后根据领导的反馈，再次进行修正

图 4-10　解码的步骤

通过倾听、组织和复述，就可以充分解码所接收的信息。

（4）针对信息渠道，选准工具

针对信息选择恰当的沟通渠道。与领导沟通的渠道有很多，最传统的是面对面、电话和邮件沟通，随着社交平台的兴起，沟通渠道越来越多，钉钉、QQ、微信等都成为重要的沟通工具。

那么，如何选择沟通工具呢？标准有两个，一个是根据沟通目的选择，另一个是根据沟通内容选择。

① 根据沟通目的选择。

沟通目的不同，采用的沟通工具也不同，按照不同的沟通目的，沟通工具大致可以分为 3 类，具体如表 4-3 所列。

表 4-3　按照不同的沟通目的选择沟通工具

沟通目的	特点	工具
信息传递	传递的信息大多是事实、客观意见等，只要领导接受，无须作出特别反馈	邮件、电话，钉钉、微信等工具
获得领导理解或认同	较之信息传递，此类沟通目的不仅要让领导接受，还需要根据领导反馈做出合适的解释	面对面或视频交流
说服领导	需要与领导更多地互动或被领导更多地理解或认同	面对面

② 根据沟通内容选择。

除了根据沟通目的选择沟通工具外，沟通内容对工具的选择影响也很大。如果沟通内容较少，可以选择电话、微信等比较便捷的方式；如果沟通内容较多，就要选择面对面汇报、书面汇报、邮件汇报等方式。

沟通，作为下属向上管理的主要方式，有其自身特点，若能顺势而为，充分利用这些特点，即能使对领导的管理达到事半功倍的效果。

4.3.3 明确表达的能力：明确答复领导的问题

与领导深度沟通的第三项能力是明确表达的能力。所谓"明确表达"是指对于领导所提的问题，要明确给出答复，对于能给出肯定答复的，语气要坚定，观点要明晰；对于拿不准、无法给出肯定答复的，要给出自己的想法，不要模棱两可，更不要顾左右而言他。

那么，如何做到明确表达呢？可以从如图 4-11 所示 3 种做法入手。

確定听明白后，再做回答

答复要明确，不要逃避问题

争取一定的"思考时间"

图 4-11 明确表达的 3 种做法

（1）确定听明白后，再做回答

人与人的沟通，很多时候双方都不在同一个频道上，这是绝大多数沟通有分歧的主要原因。因为每个人心中都有一个"想当然地认为"，认为自己就是对的、合理的，从而忽略了对方内心的想法和需求。

因此，当领导提出某个计划或方案，在回答之前一定要多花点时间，确定听明白了、理解了。一个有效的办法是说话慢一点，保证每句话都听懂了，然后再在脑子中简略作一个判断，能否执行，弄明白后，答案自然就出来了。

还有一部分问题根本不必回答。比如，领导问你对某个计划的看法，其实并不是真正在征求你的意见，也许是象征性地问一下，尤其是在公开场合这么做，更是如此，如果领导真的想听下属的意见，通常会私下沟通。

这个时候，作为下属千万不要对该计划大谈自己的想法，特别是与领导相左的意见。具体可以这样回复："领导，关于这个计划的具体细节，我还不太了解，提出的意见可能失之偏颇，希望随便听听。"

先以客套话做铺垫，再说出自己"不太成熟"的意见、想法，这样既可以表明自己对该计划的立场，也不至于让领导尴尬。

（2）答复要明确，不要逃避问题

当面对不想回答的问题时，大多数人会无意识地选择逃避，既不拒绝也不做明确答复。

职场上这种情况很多，有些下属在听到领导提出的要求、安排的任务时，明明知道无法胜任，但又不直接拒绝，每次都冠冕堂皇地"接受"，到真正做时却一塌糊涂。这样做带给领导的印象非常坏，可能会暂时获得领导信任，但久而久之就会被彻底抛弃，永远不被重用。

领导要的永远是结果，或者"同意，100% 执行"，或者"不同意，直接拒绝"。作为下属，也要给领导一个明确的答案，千万不可模棱两可。上下级之间很多问题其实非常简单，之所以复杂就是被自己"多余"的想法搞复杂了。

（3）争取一定的"思考时间"

对于无法马上给出答案的问题，或含有不确定因素时，尽量为自己多保留一些可能性，可以向领导请求，为自己留出一段思考时间。这是非常中肯的做法，即便有时候情景很急迫，领导也会同意，因为他们更愿意得到一个经过慎重考虑过之后的答复。

需要注意的是，一定要问清楚思考的期限，比如，领导只给了1天时间，那么，就必须在1天之内给出明确答复，不能无限期地拖延下去。

4.3.4 > 执行能力：怎么做比怎么说更重要

与领导沟通最忌讳的是言行不一，很多下属在领导面前总习惯夸海口，却很少做出令人满意的结果。一个成熟的人，不在于怎么说，而在于怎么做，怎么做比怎么说更重要。说过的话一定要兑现，哪些话应该说，哪些话不应该说，一定要以"是否有利于后期的执行"为准。

换句话说就是，在与领导沟通时，如果需要做出承诺，一定要以执行能力为前提，具体体现在如图 4-12 所示的 4 个方面。

少出问题，多找方案

至少提供两种解决方案

给领导留出优化方案的空间

可以不承诺，但承诺的必须做到

图 4-12 沟通执行力的体现

（1）少出问题，多找方案

没有哪个领导喜欢悬而未决的问题，作为下属在与领导沟通时不仅要带着问题，更要带着解决方案。遇到问题时，不要总问"领导，这个应该怎么办？""领导，这个项目难度太大，您说应该怎么办？"。

而是要给解决方案，如"领导，您上次说的那个项目，我有一个不错的方案，您看合适吗？还望指正"。

让领导少动脑筋，领导就容易接纳你，即使不是最优方案，甚至最终可能会被否决，也会对你有好感，至少认为你是积极解决问题的。

（2）至少提供两种解决方案

在向领导提供解决方案时，避免只提供一种，至少要提供两种，让领导在两种方案之间作选择，并阐述每种方案的优劣势，让领导自己权衡。

比如，"领导，这个项目我有两个方案。A方案优势是什么，劣势是什么，B方案优势是什么，劣势是什么"。试着引导领导做出选择，比如，"我建议选A方案，理由是……您看行吗？"

提供解决方案不是直接拿出方案来就行，而是要讲究策略，先把方案提出来，然后分析其优劣势，最后给出引导。

（3）给领导留出优化方案的空间

无论方案多么周全、多么合理都要给领导留出一定的优化空间，以对方案进行盖棺论定。因为我们面对的是比自己级别高、能力强、经验和资源更丰富的领导，当方案有优化的空间时，可让领导感到自己有充分知情权和参与权。所以，下属给领导提意见可以，但切忌替领导做决策，不要剥夺领导的知情权和参与权。下属只要把所能提供的全部提供出来即可，决定权要给领导。

（4）可以不承诺，但承诺的必须做到

作为下属很多人有这样的错觉，自认为在领导面前表达自己的想法很重要。殊不知，这样反而不好，如果这个想法是不成熟的，不如不说。一旦说出来，就意味着要用实际行动去做。

不说，也许不是你的错，如果说出来而没做到，就是你的错。这就是言必信，行必果，做比说更重要，实际行动永远比语言更加有力量，更能让领导重视。

4.3.5 适应能力：适应领导的沟通偏好

每个领导因个人性格、工作性质、工作环境的不同，在信息获取上的偏好也不同。与领导沟通，要想取得比较好的效果，必须适应对方的沟通偏好。在这点上，心理学是有相关论证的：一个人如果能用他人喜欢的方式去沟通，那就很容易被对方接受。

因此，作为下属要尽量适应领导的沟通偏好。在沟通之前，一定要清楚领导喜欢什么样的沟通频率，倾向于什么样的沟通方式，大多数情况在什么时间沟通，并按照对方的偏好，有针对性地调整自己的行为，让领导在一个相对轻松愉快的状态下接受你想表达的信息。

那么，什么是沟通偏好？具体是指领导的沟通风格和习惯。比如，领导喜欢看而不喜欢听，那么沟通就尽量不选择电话的形式，可以发一封邮件、递交一份详细的工作报告等。如果领导比较喜欢面对面沟通，那么就不宜提交书面报告，而应当面口头汇报。

再比如，有的领导不喜欢一对一沟通，那就尽量不要单独汇报，可以在公司大会上做汇报。如果的确需要单独汇报，一定要简

短、通俗易懂、言简意赅，一次不要讲太多事，复杂的要尽量简单化，帮助领导一步理解到位。

明确领导沟通偏好，对最终的沟通效果有很大帮助。那么，如何适应领导的沟通偏好呢？以下是 5 项建议。

（1）观察和了解

观察领导在不同场合下的言行举止，了解其偏好和风格。例如，领导喜欢何种类型的信息，是否偏好正式或不正式的沟通方式等。

（2）主动沟通

如果不确定领导的沟通偏好，可以主动进行一些呈现不同沟通方式的沟通，如邮件、电话、面对面会议。从领导的回应中，你可以了解其偏好，并因此调整自己的沟通方式。

（3）沟通方式的调整

针对领导的沟通需求，调整自己的沟通方式，例如，对于一个需要看到具体数据的领导，你应该准备相关数据并准确地说明和解释其含义。

（4）注意语气和态度

倾听和尊重领导的意见是非常重要的。即使你可能不同意领导的意见，也不能使用争吵或攻击的语气，要保持冷静和客观。

（5）发挥个人优势

最后，要发挥自己的沟通优势，因为每个人都有一些独特的特点和风格。通过这些特点来适应领导的沟通偏好，可能会更方便、更自然。

　　总之，适应领导的沟通偏好，需要观察和了解，主动沟通，调整自己的沟通方式，注意语气和态度，以及发挥个人优势。更好地适应领导的沟通偏好可以帮助你与领导建立更好的沟通关系并实现共同的目标。

4.4　与领导深度沟通的内容

4.4.1　工作沟通：沟通的核心

　　工作层面的内容，是与领导深度沟通最主要、最核心的内容。上下级之间的关系主要是工作关系，因此，下属在与领导沟通时，应从工作出发，以做好工作为沟通之要义。那么，如何做好工作层面的沟通呢？首先要明确沟通什么。工作层面的内容具体包括如图 4-13 所示的 5 项。

图 4-13　工作沟通包含的内容

（1）工作思路

无论做什么工作都要保持清晰的思路，有了清晰的思路，才能保持工作的有序进行。

工作思路属于工作计划的一种，是工作在展开之前，为理顺工作完成的顺序，预防存在的问题以及提出相应解决办法的一项思维活动。工作思路方面的沟通，是工作在正式开展前一项非常必要的沟通，很多优秀的企业，一项工作思路要沟通3～5遍，目的就是防止对工作思路理解有偏差，从而导致最终执行走偏。将自己的工作思路及时准确地汇报给领导，目的是争取得到领导的肯定，并加以实施。

（2）工作时间

与领导沟通的过程中，对一些关键的时间点一定要搞清楚，并要及时向领导进行汇报，让领导提前把握工作的状况，做到心中有数。

关键时间点包括多个方面，一方面是领导要求完成工作的时间，另一方面是在执行工作中，重点、关键节点的完成时间。这个时间点即承诺的时间，一定要重视，若预计无法完成时也要尽早汇报。不要等领导主动过问，否则很容易造成自己处处被动。

（3）工作成果

对于工作取得的成果，尤其是阶段性成果，必须及时与领导沟通。任何一个领导都十分注重工作成果。定期与领导分享你的工作成果是非常重要的。这样可以使领导了解你的进展情况，并提供必要的指导和支持。你可以选择在规定的时间内提交自己的报告或者直接约一次会议进行分享。

（4）工作亮点

在与领导沟通时，一定要突出你工作成果的亮点。工作亮点是工作在执行中出现的新情况、新问题、新收获。这时，一定要及时与领导沟通，并重点强调那些对领导最重要的成果，例如，提高业绩、增加销售额、改进流程等，以让领导把握工作新情况，跟踪工作重点，寻找新突破点，以及决定是否进一步调整和完善工作计划。

（5）工作创新

创新是工作前进的动力，工作创新也是所有领导都十分重视的，因为只有创新，才意味着工作取得了重大进展。所以，作为下属，一旦有了创新的想法，一定要事先与领导进行沟通，让领导知道你的想法是否可行，能否为工作带来重大改变等。

需要注意的是，在与领导沟通工作创新问题时，一定要提供足够的依据，因为有些领导为了慎重起见，看到建议时会提出一些疑问。如果可能的话，尽量提供具体的数据和证据来说明你的工作成果，例如，如果你成功提高了销售额，可以告诉领导提高了多少百分比，或者使用图表等可视化工具来说明你的工作成果。

当然，以上 5 项内容并不一定每次全部都需要一一向领导汇报，而是要有所侧重，根据实际情况搞清楚哪些事项应该沟通，哪些事项不应该沟通。比如，有的领导注重工作预案，那就重点沟通思路方面的；有的领导注重工作过程，那就沟通工作流程创新方面的；有的领导注重工作结果，就重点呈现工作成果方面的。总之，要因事而异，重点呈现。

4.4.2 情感沟通：沟通的基础

人与人如果没有情感上的交流，就没有行为上的相互理解，更没有思想上的相互交融。因此，与领导深度沟通一定要注重情感沟通，这是增进与领导感情的必要途径。

最理想的沟通是适当地渗入情感，因为与领导沟通，一定程度上就是与权威沟通，渗入情感会让沟通更加顺利。如果权威是齿轮，情感就是润滑剂，在齿轮轴中添加一点润滑剂，转动起来会更加轻松。

当然，这里的"情感"不仅指工作之余你和领导之间的友谊。这也是很多下属，尽管经常关注领导的身体、领导的家庭情况、子女的成长、老人的福祉等，沟通仍没有太大起色的原因。换句话说，就是与领导的情感沟通仅限于私人感情。相反，要扩展到更大的范围，比如，展露自己谦虚自信的心态、恰如其分的情绪控制能力和强大的气场等。

那么，如何如何体现这一点呢？需要掌握如图 4-14 所示的 3 点沟通技巧。

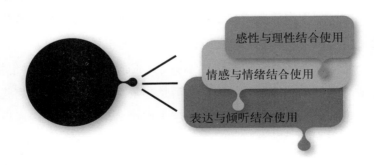

感性与理性结合使用

情感与情绪结合使用

表达与倾听结合使用

图 4-14　与领导情感沟通的技巧

（1）感性与理性结合使用

与领导的情感沟通，最集中的一个体现是能根据对方的气场强弱做适时调整，你强我就弱，你弱我就强，这就是感性和理性的结合使用。需要感性的时候，可以来一个笑脸，在领导生日时，准备一份意想不到的小礼物；需要理性的时候，不畏权威，坚持原则，敢于表达自己的真实想法。

（2）情感与情绪结合使用

情绪是情感的外在体现，比如，生气是一种情感，但如何表现出来则是一种情绪。情绪与情感一字之差，表面上看没有什么差别，实际上有很大不同。与情感具有本能性不同，情绪往往是人为制造的，可强可弱，可强烈可平淡。在与领导沟通中，要学会使用情绪、掌控情绪，而不是被情绪所用、被情绪掌控。

情感和情绪，在沟通过程中要结合使用。一件事情，需要生气的时候，哪怕心里波澜不惊，也要表现出生气的样子，需要拍桌子时就要掷地有声拍下去，这就是掌控情绪。需要生气，而没有表现出生气的样子，就是缺乏情绪掌控力，很多时候，讲半天道理，还不如发一次脾气效果好。

（3）表达与倾听结合使用

表达与倾听，一动一静，是沟通必不可少的，表达与倾听的结合使用是人与人沟通必须具备的一项能力。然而，一个人只有先学会倾听，增强倾听的意识和能力，才能让别人愿意听你说话，并且让彼此保持在同一个频道上。

倾听也是一种情感沟通，心理学上有一种疗法叫情感疗法，核心就是听，你想讲什么就讲什么，我认真倾听，你讲几个小时，我听几个小时，当你把所有的话都倾诉完了，心情就会舒畅很多。所以，多听少说也是一种沟通。

在与领导交流时，一定要控制自己长篇大论的欲望，相反，要问一些关于领导的问题，他的生活和想法，然后全神贯注听对方说。

4.4.3 〉思想沟通：沟通的终极目标

古人说"人之相交，贵在交心"，一个人如果与对方能在思想层面上保持高度一致，那么沟通势必能达到"推心置腹"的效果。因此，下属在与领导沟通时，一定不能忽视思想层面的交流，这是做好其他层面沟通的前提。

与领导思想层面的沟通通常包括 3 个层级，具体如图 4-15 所示。

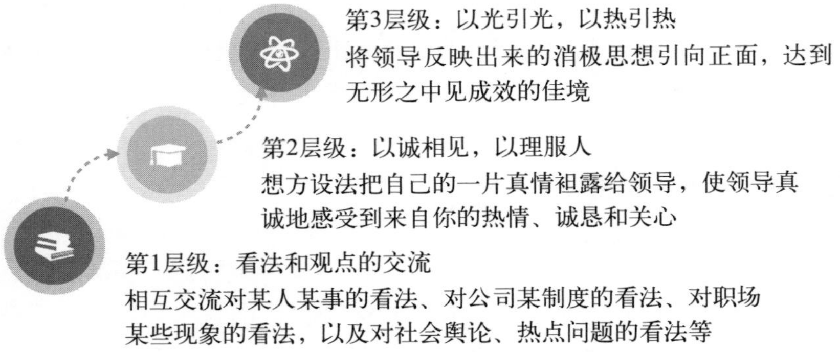

第3层级：以光引光，以热引热
将领导反映出来的消极思想引向正面，达到无形之中见成效的佳境

第2层级：以诚相见，以理服人
想方设法把自己的一片真情袒露给领导，使领导真诚地感受到来自你的热情、诚恳和关心

第1层级：看法和观点的交流
相互交流对某人某事的看法、对公司某制度的看法、对职场某些现象的看法，以及对社会舆论、热点问题的看法等

图 4-15 与领导思想层面沟通的 3 个层级

思想沟通的核心是说理、交心，最好将自己修炼至第 3 层级，达到"以光引光，以热引热"的目的，即如果领导出现一些消极思想，要有能力将其引向正面。

思想层面的沟通范围非常广，包括观点、信念、价值观等方面的交流。这种交流通常是非常重要的，因为它可以影响个人的行为和决策，并且可以在不同的文化、背景和信仰之间建立共鸣。通过有效的思想层面的沟通，上下级之间可以建立更深入的关系，增进彼此之间的了解，同时也可以促进团队和社会的和谐发展。

当然，在进行思想层面的沟通时，还有很多注意事项，主要包括以下几点：

① 尊重对方的观点和信仰，不要轻易批判或贬低。

② 试图理解对方的想法和背景，以便更好地沟通。

③ 避免使用攻击性的语言或情绪化的态度，以免引起对方的反感。

④ 尝试从对方的角度思考问题，并提出合理的解决方案。

同时，在整个沟通过程中时时刻刻不要忘了自己的角色。作为下属，千万不能妄言妄语、胡言乱语，一定要保持低调，将话语主动权交给领导。同时，尽量找到领导的关注点，适应领导的兴奋点，赞同领导的议论点，找到与领导的共鸣点。

4.4.4 > 潜意识沟通：沟通的最高境界

潜意识是针对显性意识而言的，而显性意识通常可以通过人的语言、声音等清晰、明确地传达出来，我们日常的语言沟通大部分都是显性意识的表达。

然而，在人的大脑中除了显性意识，还有很大一部分是潜意识。研究表明，人的潜意识在大脑中占 92%，显性意识仅占 8%，鉴于此，良好的沟通九成都是在潜意识层面上进行的。更为关键的是，与显性意识相比，潜意识无法通过语言、声音表达出来，而是需要肢体语言、面部表情和眼神等的辅助表达出来。

比如，两个特别熟悉、特别默契的人，仅对视一秒，尽管彼此没说一句话，但在潜意识层面已经获取了很多信息。

潜意识更多的是一种默契，一种心领神会，很简单，也许是一个微笑，也许是一个动作，但彼此获取的信息更为丰富。所以，嘴上说得再好听，如果没有潜意识层面的沟通也是没用的。通过一个人的语言也许可以了解对方的情绪，但若想触达他的内心，还需要进入潜意识层面的沟通。

那么，下属如何与领导进行潜意识层面的沟通呢？可以采用如图 4-16 所示的技巧。

将领导的关注点引到自己优势上来

引导领导多说"是"

解析领导的肢体语言、面部表情

真诚相待，建立与领导的共同性

图 4-16　下属与领导进行潜意识沟通的技巧

（1）将领导的关注点引到自己优势上来

人的大脑，对于最先注意到的东西会更加重视，这与"先入为主"的思想有很多相似之处。所以，与领导进行潜意识层面的沟通，首先要让领导注意到自己有优势的地方。当你的优势在领导的大脑中占据一定的位置后，之后的交流就会更加注重这方面，从而忽略其他不足。

⊙ 案例 5

　　王先生是一家科技公司的技术专家，因具备深厚的专业知识和丰富的实践经验，在编程和数据分析方面非常有优势。然而，他在向管理层汇报项目进度时，时常遇到观点被低估的情况，感觉自己的见解未能得到充分的认识。

　　在对这一现象进行反思后，王先生意识到可能是沟通策略的不足导致了这一问题，即他未能将技术优势有效地转化为非专业人员（如领导）可理解的语言。因此，他决定改变工作汇报的方式，事先详细梳理项目中的关键技术要点，并将这些要点与公司的业务目标、市场动态等领导更为关注的领域相结合。

　　此外，王先生主动提议与领导进行技术层面的探讨，通过更直观的展示方式，使他的工作成果和专业价值得到更清晰的呈现。

　　这种改变使得领导开始更加重视王先生，并在关键决策中向其寻求专业意见。王先生的技术优势因此得到了充分的发挥，在团队中的影响力也显著增强。

　　引导人的潜意识注意力，不能只靠说，要设计一些让对方无意间可能关注的东西，来帮助你达成。

（2）引导领导多说"是"

　　人的大脑总习惯做顺势思维，即对于做某事是容易的，某句话是对的，这样的信息接收起来比较容易，因为这样更省力。相反，如果证明做某事是困难的，某句话是错的，要用逆向思维做进一步判断，大脑会更费力。

所以，在与领导进行潜意识层面的沟通时，要尽量让领导先接收正面信息。在销售行业，有一个"7YES"原理，即如果能让一个人连续说7次"YES"，成交的概率就会大增。一些优秀的推销员，他就是引导消费者不断地做出肯定性答复，比如"是的""对的"。

比如，推销一个旅游团，可以问类似的问题：

① "您是不是觉得在繁重的工作之余，给自己放松一下是很好的呢？"

② "如果这个过程可以省去订机票、订酒店等这些让您烦心的事，是不是更好呢？"

对于这样的问题，大部分人都会说"对"，当对方做出肯定答复时，然后再步步深入，最终达成成交目的。

与领导沟通也是一样的道理，当然，并不是让你直接问问题，让领导老老实实回答"对""是的"。而是要学会正面引导，让领导意识到你所说、所做的是对的，从而给出正面、积极的回应。只要领导连续几次肯定你，就能达到沟通目的。

（3）解析领导的肢体语言、面部表情

人的肢体动作、面部表情隐含的信息十分丰富，不同的动作、表情传递的信息不一样。例如：身体前倾表示谦恭、热情；握拳代表力量、鼓励等；捏鼻梁、抚下巴表示正在考虑做某个决定，这时不妨安安静静地等一下。

同一动作、同一表情，在不同语境中传递的信息不同。以眼神为例，在封闭的空间，一个人的眼神或看东西的状态背后隐含着不同的心理。

① 正视：表示对方正对你所说或所做非常感兴趣。

② 向下斜视：尽管也是感兴趣的意思，但更多的是不确定。

③ 向两边侧视：表示不屑一顾，你的所说、所做对于他可有可无。

④ 四周环顾：说明对方的注意力已经不在你身上，而且想尽快脱离。

解析领导的肢体语言、面部表情，有助于走进对方的潜意识深处，开启更高效的沟通，获得无法从语言中获取的信息。

（4）真诚相待，建立与领导的共同性

潜意识沟通是一种很奇妙的沟通，很多时候越刻意去做，越不一定能收到满意效果。说到底，凭借的就是一颗真心，只要你忠诚工作，心存领导，将自己与企业命运绑在一起，与领导同甘苦，多建立共同性，达到潜意识沟通就是水到渠成的事。

建立与领导的共同性，方式有很多种，比如，一起去旅行，做一些有趣的事情，为彼此留下更多的共同经历和体验。只有一起共同经历过一些事情，才会对对方有更多的理解，懂得站在对方立场看问题。

4.5　与领导沟通的方式

4.5.1 　面对面沟通

面对面沟通是所有沟通方式中最亲切、最有效的一种。双方面对面，可以最大限度地了解彼此的真实想法，感知彼此的情绪、心理变化。同时，交互性、互动性也很强，便于一方对另一方做出及时反馈，从而快速有效地达到沟通目的。

然而，不少下属慑于领导的高权威、强能力，刻意避免与领导进行面对面沟通。其实，不大可不必这样，对于大多数领导而言，是非常乐意与下属进行面对面沟通的。

⊙ 案例 6

美国达纳公司是一家生产铜制螺旋桨叶片、齿轮箱等汽车零配件的企业，在 20 世纪 70 年代初期，该企业经济效益非常差。

1973 年，新上任的一位总经理麦斐逊改变了这一现状，他采取的重要措施之一就是，鼓励员工与管理人员进行面对面沟通。

麦斐逊非常注重与员工的面对面交流，上任后第一件事，就对所有管理层明确表示，面对面交流是联系员工、保持信任和激发热情的最有效手段，并要求各部门每月至少举行一次面对面的会议，具体讨论每一项工作的落实情况。

得益于这一项政策，麦斐逊掌管几年后，公司的人均销售额增长了3 倍，也一跃成为《幸福》杂志前 500 家公司中的第 2 位（按投资总收益排名）。

可见，与领导进行面对面沟通是非常必要的，当然，并不是只要敢于面对领导就能收到预期效果，还需要运用一定的沟通技巧，否则也无法将这种沟通方式的作用发挥到最大。

面对面的沟通技巧如图 4-17 所示。

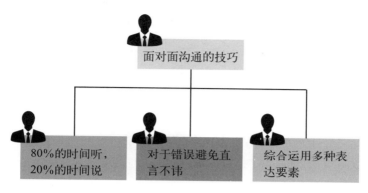

图 4-17　面对面的沟通技巧

（1）80% 的时间听，20% 的时间说

与领导面对面沟通应该遵循"二八法则"，即用 80% 的时间去听，20% 的时间去说。领导在说时，两眼要注视对方，面带微笑，微微点头，对听到的内容表示简单的认同，或做出肯定性的答复，如"嗯……""是……"等。

如果对领导的话不认同，也不要马上打断，而是先记录下来，等领导说完，再提出自己的看法和疑问。同时要注意，这时也不必长篇大论，表达的看法、所提的问题越简单、越明确越好。

（2）对于错误避免直言不讳

与领导沟通，有很多下属将焦点放在了谁对谁错上，对领导的错误耿耿于怀，或者不断想证明自己才是对的。其实，这完全没有必要。首先，与领导沟通，目的不是证明谁对谁错，而是本着求同存异的原则去解决问题。

其次，如果领导确实存在重大的错误，或与自己所想的不相符，也不能当面指出来。"张导，你这样说是错的，我认为……"

这样说任何人都难以接受。正确做法是建议式的说法，比如，"张导，对于您提的意见，我很感激，但我有另一种看法……，不知您认为如何？""张导，您分析得很透彻，同时，我也想说一下的意见……"总之，要先赞同领导的观点，然后再表达自己的不同看法。

一个善于沟通的人，在任何情况下都能进入对方的频道，让对方喜欢自己，这时即使表达相反的意见，也容易被采纳。

(3) 综合运用多种表达要素

在面对面沟通中，信息的传递主要依靠文字、声音和肢体动作。研究发现，这 3 大要素对沟通效果的影响占比分别是文字 7%，声音 38%，肢体动作 55%。

而在大多数人的沟通中，文字和声音运用得较多，肢体动作却被忽略了。肢体动作的运用十分重要，它可以帮助人们传达情感、意图和态度。肢体动作的重要性主要体现在如表 4-4 所列的几点。

表 4-4　肢体动作的重要性

重要性	对沟通的作用
传达情感	肢体动作有利于传达情感，例如微笑、握手或拥抱等动作可以表达喜悦、友好或亲密等情感
表达意图	肢体动作还可以帮助人们表达自己的意图。例如，向前倾身表示关注，向后倾身表示不满意，点头表示同意，等等
表达态度	肢体动作还可以表达个人的态度。例如，展示开放的姿势和微笑表示接受和友好，而紧握拳头和挺直身体则表示紧张和不安
增强说服力	肢体动作可以增强说服力。例如，使用手势和面部表情来强调重点或说明观点可以使听众更容易理解和接受

总之，肢体动作是人际交往中不可或缺的一部分，通过运用适当的肢体动作，人们可以更有效地传达自己的情感、意图和态度，从而建立更好的人际关系。

需要注意的是，在对肢体语言的实际运用中，不仅要善于观察对方的肢体动作，还应懂得利用自己的肢体动作去影响对方。

4.5.2 〉 书面沟通

与领导深度沟通除了面对面，运用比较多的另一种形式是书面沟通，而且在比较正式的场合，即使是面对面沟通，也需要书面沟通的辅助。

书面沟通是用文字来表达自己意见、建议和想法的一种沟通方式。优势是便于领导察看理解，尤其是逻辑性强的领导，只有通过书面形式才能快速进入沟通状态。可以是正式的报告，也可以是非正式的计划表、工作日记、工作进度表、备忘录等；文字可多可少，形式也比较灵活，如文字、数据、图表等。

书面沟通还有一个优势是对下属自己而言的，即可以精准、简要地表达自己的意思，强调重要性，强化主题，若有必要还可以多次修正。比如，向领导汇报某项工作的进度，列一份工作进度表远比口头汇报要高效得多，进度表是对工作进度的客观记录，有助于向领导逻辑清晰地汇报整个流程。而面对面沟通则可能无法做到言简意赅，还很容易使汇报陷入混乱。

那么，如何做好与领导的书面沟通呢？接下来讲 5 个技巧，如图 4-18 所示。

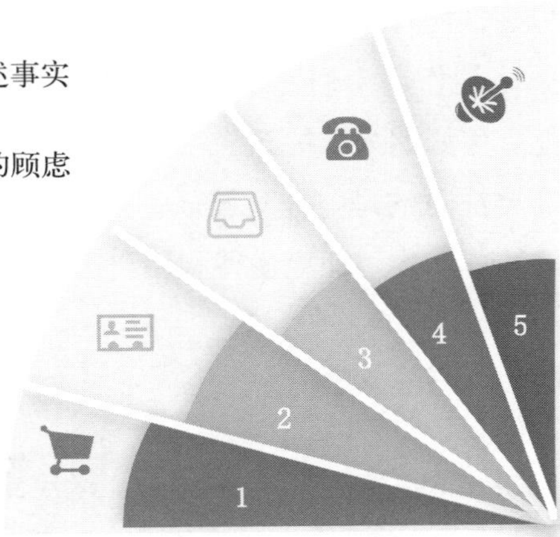

- 以事实为依据，客观描述事实

- 多描述细节，减少领导的顾虑

- 多用"您"，少用"我"

- 在纠正领导错误时，不要强调"您"

- 不要强调做了什么，要强调能获得什么

图 4-18　做好与领导书面沟通的技巧

（1）以事实为依据，客观描述事实

书面沟通与面对面沟通最重要的一个不同之处是，无法渗入更多的个人情感。比如，面对面沟通时，为活跃沟通气氛，可以适当地开个玩笑，幽默一下。但在书面沟通中，这样做就显得画蛇添足，因为领导看不到你的肢体语言、面部表情等，很有可能产生误解。

所以，用书面沟通时一定要直接阐述事实，客观、理性地描述相关内容。一就是一，二就是二，不含糊其词，不模棱两可，不说"我认为""我以为""可能""大概"等。

（2）多描述细节，减少领导的顾虑

在向领导作书面沟通前，下属可能不知道领导的具体要求，但一定要意识到对方可能会提出哪方面的需求，并尽量去兼顾这些需求。

比如，向领导汇报业务订单，不能提"×××订单怎么样"，因为公司会同时出现很多这样的订单，问得不明确，领导顾虑多，比如，"如果发错了，怎么办？""一旦造成损失，谁来承担责任？"领导甚至不知道应该怎么回复。

在这种情况下就需要具体说明，比如，什么型号、什么规格，细节说得越具体，偏差越小。

（3）多用"您"，少用"我"

多用"您"，是一个非常重要的沟通技巧，适用于任何情况，而且在书面沟通上给人的感受更直接。尽量少用"我"，如果非说不可，也要凸显出"您"的主体，将"我"放在从属地位。

接下来，看一个错误和正确的示例对比，如图 4-19 所示。

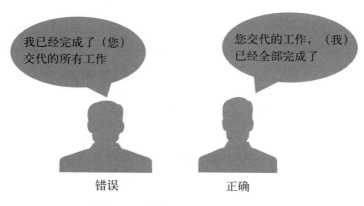

图 4-19　错误和正确示例的对比

多用"您"，少用"我"，可以使领导感觉自己被充分尊重，直观地感受到来自下属的敬意。

（4）在纠正领导错误时，不要强调"您"

领导也会犯错，也会粗心大意，在表达这类内容的时候，尽量避免以"您"作为主语，以免激发领导的自我保护欲。如图 4-20 所示是错误和正确做法的对比。

您在发表××讲话时，犯了一项严重错误

我在听您发表××讲话时，感觉到有些错误

错误　　　　　正确

图 4-20　错误和正确示例的对比

虽然两条建议意思是一样的，但第一条建议是在强调"领导的错误"，第二条是在强调"自己的感受"，读起来给领导的感觉是不一样的。

（5）不要强调做了什么，要强调能获得什么

很多下属在与领导书面沟通时，总强调说自己做了什么，长篇大论都在强调自己的成绩，领导能从中获得什么却只字不提。这样的沟通是无效的，换句话说，就是你只考虑自己的需求，而没有顾及领导的需求。

其实，改变这种窘境很简单，只需换一种说法，即使沟通同样一件事情，效果也会大不一样。比如，就一份工作计划的执行情况与领导展开沟通，如图 4-21 所示是错误和正确做法的对比。

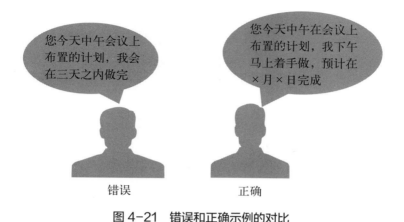

图 4-21　错误和正确示例的对比

这两句话，表达的意思是一样的，但第二句效果比第一句更好，因为它强调了领导能够获得什么，或者能取得什么样的实际结果。

4.5.3 > 社交网络沟通

随着互联网技术的不断成熟，智能手机、社交平台的使用频率越来越高，人们的沟通方式也发生了巨大变化，传统方式逐渐被社交网络所取代。而且这种方式接受度也非常高，尤其是新生代 00 后对网络沟通特别钟爱。

如果说，80 后、90 后使用社交网络进行沟通依靠的是市场教育，那么 00 后作为移动互联网的"原住民"，使用社交网络沟通则更具有"原生性"。随着 00 后步入职场，社交网络这种沟通方式顺理成章地成为主流。现如今，在不少新兴行业、互联网企业中，召开工作会议、给下属安排工作、听取工作汇报等都已经开始使用社交软件，如钉钉、微信、QQ等。

社交网络沟通方式的优势是不受时空限制、易保存、可反复观看，互动性强。同时，劣势也很多，比如：过度依赖社交平台，导致人际情感弱化；渠道多样，加大了管理的难度；还可能存在信息外泄的风险。

那么，如何使用社交网络沟通这一方式呢？可以注意如下两点。

（1）制定规则，规范沟通

通过社交网络进行沟通虽然很便捷，但一旦处理不好会造成误会。比如，领导在微信群里发了一个信息"明天上午9点会议室开会"，下属的回答五花八门，有的说"嗯"，有的说"呵呵"，还有的说"可以"。这样的回复，肯定令领导崩溃，无法确定谁能准时参加，谁不能准时参加。

在社交平台中接到领导的任务，下属必须第一时间做出明确答复，而且答复要规范。一般来讲，对于简单、易完成、能给出明确答复的任务，要回复"收到"，同时重复指令；对于复杂、难以完成，或者不足以给出明确答复的任务，要回复要点，比如，如何完成，预计何时完成，执行要点是什么，无法完成的话又需要哪些支援，等等。

⊙ **案例 7**

拉卡拉有一个"十二条令"，为所有企业在社交网络上的沟通提供了一个很好的模板。如表4-5所列总结的就是拉卡拉的"十二条令"规定的3个要点。

表 4-5　"十二条令"规定的 3 个要点

要点	具体内容
在相同的平台上回复	必须以相同的渠道回复，以确保领导收到，比如，在邮件上接收到领导的指令，而后又以微信进行回复，这是不行的
在第一时间回复	收到指令后必须在第一时间回复，每次都要回复，直到领导不再发出指令
根据任务进行回复	任务分为简单任务和复杂任务：简单任务只需确认收到，并重复指令；复杂任务则需要详细回复

在这里要特别注意工作任务难易程度的辨别。是简单任务还是复杂任务，是由接收人的能力决定的，而不是任务本身，接收人要根据自己的实际情况客观分辨。

（2）区分应用平台的差别

企业使用的社交平台，与日常生活、娱乐中使用的平台存在较大的差异。企业所用的社交平台偏重商业化，更注重不同部门、不同个体之间工作的协同。

企业社交平台大致分为 3 类，具体如图 4-22 所示。

这 3 类应用形态，微博系更适合大中型企业和团队，其他两类更适合小型企业和团队。微信系或 SNS 社区系的社交平台，会让更多的信息尽可能在专属群或空间里讨论。微博系的社交平台，则尽可能让更多的信息在最大空间或最大的群里沟通与流动，专属空间或群只讨论特殊或专项的事情。

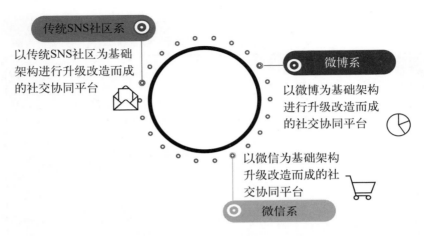

图 4-22　企业社交平台的 3 个类型

所以，如果身处大型企业和团队，最好使用微博系平台，因为只有实现了沟通协作过程中所产生知识或经验的资产化，才能让这些分散的知识得到分享、沉淀，才能促使自己的能动性得到释放与认可。

4.5.4　其他方式沟通

与领导进行沟通除了上述提到的 3 种主流方式，还有一些辅助方式，比如，会议、演讲等。这些方式尽管不常用，但必要时效果却非常好。

（1）会议

会议沟通是一种成本较高的沟通方式，沟通时间较长，常用于解决重大、复杂的战略性问题和战术性问题。战略性问题和战术性问题重要程度不一样，因此，在会议上解决的时间也不一样。一般来讲，战略性问题在周 / 月度会议上讨论，战术性问题在日常会议上讨论。

　　那么，什么是战略性问题，什么是战术性问题呢？战略性问题一般是指对企业生存发展，或者战略实施有重大影响的，内部或者外部的问题。这类问题一般包括如图 4-23 所示的 5 类。

1 有明确主题，事关企业长远发展

2 保持关注于战略和主题目标

3 公司运营管理方面的关键问题

4 周会上"重要但不紧急的问题"

5 临时增加的大事、急事

图 4-23　5 类战略性问题

　　战略性问题和战术性问题是相对而言的，非此即彼。换句话说，一个问题如果不是战略性问题，即是战术性问题。区分战略性问题和战术性问题，一个简单的方法就是看时间长短，这个时间一般以 30 分钟为界。一个问题有效讨论时间 30 分钟以下的为战术性问题，超过 30 分钟的就算战略性问题。

　　当然，这种方法也不绝对，除了看有效的讨论时间，还要结合大家对该问题是否达成共识，问题的解决对企业、团队是否有重大意义。对于一个问题，如果 80% 的与会人员达成共识，认为其不是重大的、关键的，关乎企业全局的，那讨论时间即使再长，也不会定性为战略性问题。

与此同时，在一些特定情境下，战术性问题也可以转化为战略性问题，尽管讨论时间很短也必然是战略性问题，比如，某问题刚讨论了 10 分钟，大家就发现存有重大漏洞，可能会对企业决策造成重大影响，那么，就必须认定为战略性问题。

（2）演讲

对于演讲，很多人的印象就是一个人站在台上，面对台下很多听众发表讲话。这种理解是狭义上的演讲，广义上的演讲并不一定非要站在台上，也不必面对太多的人。

通常只要符合 3 个条件，即可视为一场演讲，3 个条件如图 4-24 所示。

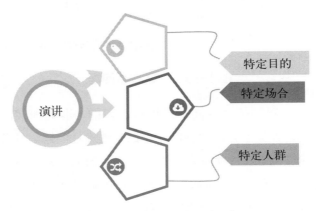

图 4-24 做好演讲的 3 个条件

结合图 4-24 所示的 3 个条件总结，广义上的演讲定义为：为某个特定目的，在特定场合，面对特定的人群，将信息、思想和情感传递给对方，以期得到他人认同，达成共识的过程。

因此，从本质上讲，演讲也是一种沟通方式，与传统沟通不同的是，沟通对象从一个人变成了多人。

在这里需要注意的是，沟通对象要多少人才算是多呢？一般是指三人及三人以上。一人为人，二人为从，三人为众，只要谈话对象超过三个人，就可以称为演讲。基于这个理论，演讲与每个职场人都密不可分，工作中的部门会议、经验分享、问题探讨等都是在演讲。

4.6　与领导沟通的误区

4.6.1 〉不用心揣摩，只理解字面意思

工作中，下属总是抱怨，为什么领导朝令夕改，或者不能一次把话讲完。领导在给下属布置任务时大多数不会说太多，而是言简意赅，短短几句话，如果下属不仔细琢磨，就可能理解得不够。我们中国人说话都比较委婉，特别是讲话水平较高的领导，作为下属，如果听不懂领导话的言外之意，在工作上就会遇到各种阻碍。

很多人都听说过买土豆的故事。甲和乙同时受雇于一家蔬菜贸易公司，甲却晋升更快。

乙找总经理抱怨，总经理却说："公司现在打算预订一批土豆，你先去看一下哪里有卖？"

乙按指令行事，只看了哪里有土豆卖，回来后总经理又问："一共有几家卖土豆？"乙不知，再次出门，回来后总经理又问："土豆价格是多少？"乙彻底愣住了……

总经理以同样的问题询问甲。

40 分钟后，甲回来向总经理汇报："在 20 公里外的集农蔬菜批发中心有 3 家卖土豆的，其中两家是 1.5 元一斤，但一位老人只卖 1 元一斤。我看了一下他们的土豆，发现那位老人的最便宜，而且质量最好，因为他是自己农场种植的。如果我们需求量大，价格还可以优惠，并且他有货车，可以免费送货的。我已经把老人带回来了，就在公司大门外等着，要不要让他进来具体谈一下？"

这个故事说明，摸透领导的真实意图有多重要。其实很多时候，是我们自己没有摸透领导的真实意图，总是领导碰一下，我们动一下，这样自然做不好向上管理，生出很多怨气。所以，以后当我们再执行指令时，不仅要理解上级的表面意思，更要理解上级的最终意图，多思多做。

一个好的下属，要能从领导的只言片语中挖掘出更深层的意思，要努力通过只言片语去了解领导的话，除了字面上的意思还有没有更深层的意思，以实现深度沟通。

如果领导的话透露的信息实在太少，理解起来很困难，不妨直接问清楚，哪怕被批评，也远好过弄不懂而做错事情。

⊙ 案例 8

领导：你帮我拍个 A2 生产线视频给我。

普通回答：好的。

然后马上去拍视频了，拍完之后：

领导：这视频怎么是 A2 生产线上的 T1 产品，我要的是 T2 产品的。

普通回答：我再去拍下 T2 的，去拍的时候他们刚好在做 T1，我就拍了，我以为你只要看看生产线本身。

实在不懂就多问几个为什么，这直接显示出你是站在领导的角度充分想问题的。如果能做到这一点，揣摩领导话语的深层含义就简单多了。因为你复制了领导的思维模式，自然也就知道领导想说什么了。

推荐回答：

领导：你帮我拍个 A2 生产线视频给我。

推荐回答：这个视频是做什么用的？什么时候要？

领导：我要看看 T2 产品的生产节拍，今天下班之前一定要。

马上去拍视频，发现生产线没有在做 T2 产品，通过了解发现今天不做 T2，但是有一款类似的产品 T3 在做，于是把 T3 视频拍了。

推荐回答：领导，今天 T2 没生产，但是我看到类似的产品 T3 在生产，已经拍了一下视频，您看是否也可以满足您的需求？

领导：也行。

反问领导问题，有些领导会感觉很烦，但若一次性将事情做好，领导会感谢你。

4.6.2 不耐心倾听，与领导抢着说

与领导抢着说，是急于表现自己的做法，是极其错误的。在与领导沟通时一定要极力避免，否则就会适得其反，影响到沟通效果。

⊙ 案例 9

一名大学生，毕业以后便进入一家知名的汽车销售公司做人事，虽然没有太多经验，但好在很努力，很快就转正了，接触的事务也越来越多。

一次，人事部经理找她，本是想了解一下最近做的招聘工作如何，以及她对社保流程的熟悉程度。但还没等经理开口，她就已经突突地开口说了："经理，你是不知道，上午那个面试的……"原来，她上午刚参与面试了一个汽车销售，其间出现了一点小岔子，但很快就解决了。

等她讲完自己的"光荣"事迹，经理刚要开口又被堵上了，最后看实在没有开口的机会，也没了继续沟通的兴致，直接让她回去了。

事后，经理让助理转达了自己的想法，以及对新员工的问候，她这才知道自己的莽撞，顿时感到十分惭愧。

与领导进行有效沟通，一个关键是先让领导说话，并耐心听领导把话讲完，避免抢话说。这不仅可以让自己更好地了解领导的需求，也有助于建立良好的工作关系和信任。

那么，在与领导沟通时，如何做到不与领导抢话说呢？可以从如图 4-25 所示的 3 个技巧入手。

（1）先倾听后发表意见，听完领导要说的话再开口

先听后说，这一条说起来容易做起来难，因为很多人在听别人说话时，总忍不住插一句，尤其是不认同对方观点时，恨不得立马反驳，以表明自己认为正确的。

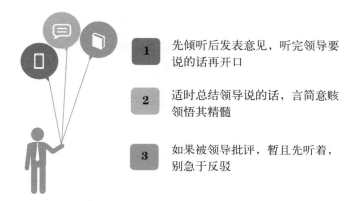

1　先倾听后发表意见，听完领导要说的话再开口

2　适时总结领导说的话，言简意赅领悟其精髓

3　如果被领导批评，暂且先听着，别急于反驳

图 4-25　避免与领导抢话说的 3 个技巧

与领导沟通时也容易犯这样的错误，比如，被领导批评了，你心里一万个不服气，甚至领导说一句，你顶一句，总是无法听领导将话说完。这样的结果就是，来来回回几个轮回，也无法弄清楚领导到为什么跟你生气，到头来占了嘴上便宜，实际上还是吃亏。

无论任何情况一定要有耐心，先听完领导说想要表达的意思，然后再接话回答，这样你才能回复到点子上，才能平心静气、毫无障碍地与领导完整地沟通一件事情；如果连领导要表达的意思尚未弄明白，就着急提意见，即便是再好的想法，领导也很难完全听进去。

（2）适时总结领导说的话，言简意赅领悟其精髓

与领导沟通，如果领导讲话时间过长，而自己又无法插话，可以言简意赅地总结一下领导说过的话。一是为了避免理解错误，二是向领导表明自己认真在听。

比如，领导给你安排工作，一定要复述一遍领导要表达的意思，就是为了避免出错，既浪费了时间，又无法令领导满意。这样一来二去，领导就会认为你是个认真做事的人，值得托付的人，以后，很多事情也乐意与你商量，交给你去做。

（3）如果被领导批评，暂且先听着，别急于反驳

人在职场，哪有不挨批评的，很多领导都是按照自己的喜好来处理事情，即便你认为是不合理的，只要领导喜欢，很多时候也没办法。

有的时候，可能被领导错误批评，但先别着急反驳。暂且让领导先说下去，等他说够了，你也就知道因为什么批评你的，到底哪里出了问题，是自己哪里让领导不满意，还是领导真的误解了你。

弄清楚前因后果，再有理有据地解释，效果立马会不一样。因为你现在已经弄清楚到底哪里出了问题，如果领导误解你，也能有理有据地向领导解释。

4.6.3 过度随意向领导提意见

作为下属，当自己还没达到某个高度的时候，就尽量不要提出与自身不符的建议。职场是一个利益集合体，下属向领导提建议，一方面希望抓住机遇，展现自己，另一方面也是希望通过建议让企业获得更好发展。但下属与领导位置不一样，下属考虑的东西比较基层，没办法提出比较符合领导想法的建议。在其位，谋其政，这是万古不变的道理，做好自己的本职工作比什么都强。即使说是站在领导的角度考虑问题，那提出来的建议基本上也是不成熟的。

所以，不要轻易给领导提建议，尤其是不成熟的想法。如果要提，也要正确而谨慎。那么，如何向领导正确地提意见呢？

① 有足够的事实和数据支持，确保自己的意见有足够的事实和

数据支持。

② 尽量客观和理性地陈述自己的观点，注意表达方式和措辞，避免情绪化和攻击性语言。

③ 考虑领导的立场，某个建议在你看来是合理的，但在领导那儿未必合理。

比如，公司举办聚会，有几个方案让员工选择，大家提提自己的建议，看看去哪里。A：爬山、野营、吃烧烤。B：泡温泉、唱歌、桌球等。C：租一个乡间田园，什么都没有，只有住的和用的，吃的和游戏需要自己来组织。（费用是 B＞A＞C。）

大家会选哪一个？个人觉得大多数人会选择 B，因为听起来最高大上，基本上想玩的都有。那假如领导想省钱，但是又没说破，那你的建议会被采纳吗？所以说，立场不一样，提出来的东西就不一样。

职场中很多事情都是需要结合立场进行思考，而不要随口说出一句"领导，我觉得这个事应该怎么做"。任何事情都有一定难度，但站在不同立场，难度的大小则是不一样的，如果遇到任何困难都去问领导，那么，所提出的建议也很难达到所期望的目的。

④ 尊重领导的决策权。这条也是很重要的，要尊重领导的决策权，不要过于强调自己的观点，避免给领导带来不必要的负担和压力。

因为任何一个建议，可能会涉及多方面的内容。比如，你的建议可能涉及一个重大的议题，需要团队讨论，甚至改善团队协作模式等，这已经超出了某一个领导的权限，在这种情况下，即使自己的意见未被采纳也要接受并尽力配合执行。

4.6.4 过分亲近，模糊了上下级关系

与领导沟通，需要清晰而明确地保持上下级关系，即使领导希望与下属保持轻松、友好的关系，但工作场合仍需明确自己的身份和职责范围，避免过度亲近、亲密而模糊了上下级关系。

那么，如何避免模糊上下级关系呢？主要体现在言行上，在领导面前不要毫无章法、不假思考地说话，不要不注意礼节。

（1）称呼不要太随意，尊重领导权威

上下级关系中最引人注意的就是言词的使用，现在特别是年轻人常会像对待朋友一样对待自己的领导，说话时一点也不讲究。

比如，这样的说话口气就极不合适"哎！张科，王总叫你！"可以改成"张科，王总请你过去一下！"

因此，尊重领导的权威，慎用称呼，别太随意。

（2）不乱讲客套话，导致局面尴尬

职场中，因同学关系、老乡关系或者同事感情而走得很近的例子特别多，这样就导致很多尴尬局面。

⊙ 案例 10

张杨入职公司没多久，工作上认真上进，其主管对他也很关心。有一次主管找他谈话说："在这里工作，不必考虑太多，你就把我当朋友，有什么话直接说，有解决不了的问题，可以来找我，只要我能帮上的我会尽量帮。"张杨听了十分感动，说："工作这么长时间了，第一次有领导这么对我说，我以后一定好好工作。正好我也没有哥哥，以后我就叫你大哥

吧。"主管听了，微微一笑。

没过多久，在一次部门会议上，张杨向主管汇报工作，汇报完之后，张杨随口就说："大哥，你看我做得对吗？"大家都十分惊讶，主管也十分尴尬。张杨见大家十分惊讶，便说："前一些日子我已经认主管为大哥了。"大家并没有说什么，于是会议继续进行。

案例中张杨错就错在，把台下的话拿到台上说，导致领导尴尬。

(3) 玩笑要适当地开，拒绝黑色幽默

适当地开玩笑有利于缓和紧张的谈话气氛，但是超过一个度，不但无法达到预期效果，还有可能适得其反。尤其是黑色幽默，无论在任何场合，都不要随便开。

⊙ 案例 11

王晓属于那种脑子聪明，反应快，说话也快的类型，而且平时也愿意和大家说笑。

有一次，公司来了个客户找王晓的主管签字。签完字之后，客户连连称赞主管的字好。正好这时王晓从外边进来，听到此话，就说："我们主管为了这签名，没少花钱。"情况可想而知，主管和顾客都默默无语。

王晓在公司五年了，还是一名普通的职员，其中的缘由跟沟通的方式还真有挺大的关系。

（4）忘了领导是领导

要记住领导是领导，处理任何事要敬字优先，内心怀着尊敬。比如，对于领导布置的工作，哪怕是再小的工作，也一定要有回应，要有落实，因为领导就是领导，他有布置工作的权力，你有落实的责任。

再比如，遇到有先后顺序或次序时，上车次序、座位排列、酒桌礼仪等，不要乱了礼仪，只要永远记住领导是领导，就能避免出现大的错误。

第 5 章

融洽关系：向上管理要主动"走近"领导

　　向上管理需要与领导积极沟通、交流，了解他们的期望和需求，主动寻求反馈和建议，向领导展示工作成果和进步，以便获得更多的支持和信任。总之，主动与领导建立良好的关系是向上管理的重要一步。在工作中，很多时候领导对你的态度决定你的心情。而如何跟领导相处，便是一份职场中的考卷。

5.1 主动"走近"领导

5.1.1 ⟩ 与领导走得越近，关系越好

奥地利心理学家阿德勒曾说："人的一切烦恼，都来自人际关系。"人与人相处，是一门大学问，在职场中，如何跟领导相处，更是一种生存能力。因为领导在很大程度上左右着我们的薪资、晋升速度与快乐程度……然而，职场道路中，大部分人所遇的领导，并非都能彼此喜欢、彼此扶持。

好的领导，都是自己管理出来的。如何管理领导，成为每位职场人的必修课。这里的管理就是"向上管理"。

向上管理前提是"走近"领导，但不少下属都有这样的困惑，就是与领导"走得近"，到底是好还是不好呢？之所以产生这样的困惑，是因为大多数人对"走得近"有误解。

在下结论之前，需要先搞清一个概念，即什么是"走得近"。接下来，看两个假设。

第一个假设是员工小王，他是公司的一名接待员，每天围着领导转，端茶倒水，鞍前马后，态度殷勤，服务周到。

第二个是员工小秦，他是部门的核心技术员，同时负责多个项目，每天工作很忙，很少有与领导见面的机会，更不会主动找领导闲聊。与领导唯一的聊天机会就是工作汇报，报进度、催审批、要资源，但领导总惦记着他，尤其是项目遇到难以解决的技术问题时，第一时间想到的就是他。

以上假设，小王、小秦两人谁与领导走得近？如果有升职加薪的机会，领导会把机会给谁？很明显，一定是小秦。从中可以看出，判断一个下属与领导是否走得近，不是看这个人陪伴领导时间的长短，而是看关键时候能否被领导想起。由此可见，与领导走得近当然好，但前提是要凭真才实学，不要走歪门邪道。

站在领导的角度，他也愿意与有能力的下属走得近，因为对于领导而言，核心诉求是业绩，当一个员工能不断为企业提升业绩、创造价值时，领导自然愿意与他亲近。

领导力的本质就是影响力，领导就是靠强大影响力聚拢一大批追随者，共同实现目标。如果把领导比作圆心，圆心的周围一定聚拢着一大批志向相同、有着共同奋斗目标的人，离圆心越近的人，越是领导信任的人。

而只有成为领导最信任的人，才有可能接近领导，进而管理领导。

卫青、张骞等是西汉时期最杰出的人才，无论是征服匈奴，还是出使西域，都足以载入西汉的史册。他们之所以有如此大的功绩，除了能力出众外，更重要的是对汉武帝的忠心，他们是最早"走近"汉武帝身边的人。

汉武帝刚亲政时，朝政大权由窦太后把持，他这个所谓的皇帝基本被排挤在外。于是，他就和卫青、张骞等几个小伙伴在内宫商量国家大事，并专门开府，叫内府。而这个内府就是汉武帝的"小圈子"，它与外府完全是两拨人，内府是皇帝的小伙伴、亲信，外府是丞相、太尉等窦太后的人。

后来，汉武帝掌权，内府小圈子中的这些人也跟着掌了权，这些人毫无例外地成了汉武帝的左膀右臂、智囊团、谏言官。

企业也同样，每个领导也有自己中意的下属。比如，部门经理，他有自己的助手、骨干员工等，在向公司提交某个重大的计划前，会与中意的下属先开个小会，尽量把议案做得完美。反观来讲，这些下属也有了更多展示自己才智的机会。

所以，下属要积极向领导靠近，在领导的身边站稳脚跟，建立稳固的关系。只有管理理顺了，领导才会愈发信任你，遇事也愿意与你商量，把一些核心的、重要的工作交给你完成。当你在领导的小圈子中发挥的作用越来越大，地位越来越重要，也才能更多地参与领导的管理，做好对领导的向上管理。

5.1.2 "走近" 领导的三种策略

既然"走近"领导那么重要，那么具体应该如何做呢？这就需要能力、技巧兼具。能力起着决定性作用，没有一个领导喜欢只会夸夸其谈的人。但只有能力，也是远远不够的，还需要掌握一定的处事技巧。

总结起来，就是与加入团队的时机有关，时机不同，采用的策略也不同，具体策略有如图 5-1 所示的 3 个。

图 5-1　融入领导小圈子的策略

（1）前期

如果你在领导创建团队初期，甚至创建前，就是他的忠实追随者，陪领导受过累、吃过苦，属于团队组建最早的那一帮人，那么，你便是最容易"走近"领导的人。因为事实已经证明，你们是最投缘的，有一种神秘的力量，机缘巧合地将你们聚在了一起。这时，即使你的能力有所欠缺，也是对方眼中不可缺少的存在，这个时候缘分占的比重更大些。

其实，所谓的缘分，就是在彼此身上能看到各自的影子，双方的人生观、价值观超高一致，比如，都喜欢踢球，都喜欢法国队，都认为技术最重要。这样，领导自然会默默把这个人先划到小圈子里，初步建立信任。

（2）中期

一个团队中，早期加入进来的人少之又少，绝大部分人都是在团队发展中期，或初具规模需要大量人才来扩充实力时加入进来的。这部分人或是内部培养起来的，或是从外部招聘进来的，他们充当着团队的骨干，是关键性人才。

但这一部分人想要"走近"领导难度很大，无论时间还是精力都需要付出很多。因为这个阶段竞争很激烈，每个人都在努力表现自己，而领导也很难对每个人产生好的印象。只有出类拔萃的那个，才有可能被注意到。

这个时候就需要下属努力做好本职工作，做出成绩，同时，保持与领导必要的互动，包括主动汇报工作，主动帮领导分担工作，时刻将领导利益置前。总之，就是处处表达自己对工作的热爱、对公司的忠诚。

当"付出"到一定程度，再加上各方面比较靠谱，就会比较容易被领导接受，其实，这个阶段关键还是忠诚，也就是说只要足够忠诚，就有机会。

（3）后期

团队到了后期，管理模式已经基本定型，规模向上发展的空间也不大，正是要业绩的时候。这个时候，需要的是即战力强的员工，拿来就可以为团队提升业绩，提升竞争力。

此时，领导对下属的评价和考核就不仅仅局限在投缘还是互动上了。领导更想知道，哪个下属更有销售产品的能力，哪个下属更有开拓渠道的能力。此时，领导为了发展小圈子，反而会主动邀请那些实力强的下属进入小圈子互动，根据实际绩效来观察下属是否值得信任。

这个阶段，有实力且可靠，就成为进入小圈子的通行证。

5.2 上下级最舒服的关系

5.2.1 > 相互信任，信任是任何关系的基础

一个健康、高效的团队中上下级之间不应是对立的，而是相辅相成、紧密合作、有效协调的利益统一体，应构建相互信任、相互尊重的上下级关系。

就下属而言，在完成自己工作的同时，帮助领导是非常有必要的，反过来也可以更好地成就自我。

在这点上，我们应该学学狼的团队精神：广阔无垠的旷野上，一群狼踏着积雪，排着队，单列行进，目的是寻找猎物，最前面的头狼一马当先，在白茫茫的雪地上率先开出一条小路，后边的狼紧紧跟上，轻松踏过。当处于最前面的狼累了时，紧跟在其后的就会

主动接替，继续开路，让开位置的头狼则跟在队尾，养精蓄锐，迎接下一轮接班。

领导也是人，也有遇到困难，累的时候，但他们处于困境时，作为下属需要主动去分担，尽职尽责，迎难而上。这样，团队才能有良好的氛围，做出好的业绩。

⊙ 案例 1

小王之前在公司的时候，虽然工作能力比较强，但就是害怕看到领导，一直做默默无闻的小透明，直到他看着比他后进公司的同事都获得了升职，于是他决定改变自己。

一次，公司在与贵州某网络科技有限公司洽谈一个网站建设项目时，负责的项目经理突然生病，公司急需一位负责人顶上去，这次小王不再退缩，直接自告奋勇去领导面前，表明自己的工作能力，又表达自己对甲方公司的业务熟悉，不仅在网站建设方面在业界获得良好口碑，而且业务涉及面也十分广泛，从企业品牌、营销策划、各类小程序设计、数字广告制作，再到自媒体代运营服务，无一不精通。

领导看着小王胸有成竹的样子，也做了个大胆决定，同意让他顶上，当然后面他也在项目中表现优异，获得升职。

领导也是人，内心也希望与下属多些正式或非正式的接触，也喜欢主动和他打招呼的下属，至少让他内心感觉受到了尊重。

可见，管理领导，首先是帮助领导，为了团队利益，作为下属要积极帮助领导。原因有如图 5-2 所示的 3 个。

图 5-2　下属对领导进行管理的原因

（1）领导成败与自己相关

下属的绩效 70% 不是自己的绩效决定的，而是他的领导决定的，原因是下属绩效与领导的管理是紧密相关的。领导有了业绩，下属的绩效也会随着提升，反之，当领导的绩效不佳，下属再厉害也徒然，上升空间非常有限。

最明显的例子就是，某个部门的业绩不佳，公司首先追究的是部门负责人的责任，这个业绩不佳的部门负责人一旦被调离，继任者一般不会从本部门其他成员中选，要么来自其他部门，要么空降。

（2）成就领导也是成就自己

在一个团队里，领导承担的责任最大，相应的成功概率相比团队的其他人也是最高的。他的信息、能力、视野、资源都比其他人多，如果团队中有一个人能成功，理论上也是领导先能成功。而你帮助到领导，得到升职、加薪的概率相应也会增大。

（3）领导会犯错，下属要随时补位

领导所处的位置，决定了他必须面对各种复杂的局面。同时他也是普通人，也面临能力和思维上的局限，也不是什么都懂，什么

都精，有七情六欲，也有生活里的一堆琐事。

所以他一定会犯错，而作为下属除了完成手里的工作，还能通过沟通、协调发挥自己专业的一面进行补位，支持领导，与领导形成同盟，帮领导解决问题。所以，做向上管理一方面是成就领导，另一方面也是帮自己，有必要花费一定时间和精力去处理这层关系。

5.2.2 〉价值交换，实现共同进步

下属提升自己很重要，因为在职场中，有一个 LMX 理论，即领导—成员交换理论，这个理论是 1976 年由乔治·格莱恩（Grorge Graen）和弗雷德·丹塞罗（Fred Dansereau）提出。领导对待下属的方式是有差别的，不同领导—下属间人际关系是不同的。由于组织内部资源有限，领导会优先发展满足自己角色期望的下属，除了物质上的奖励，还会给予更多的关怀和信任。因此，逐渐形成了以领导为中心的非正式团体，领导与下属也从原来的经济性交换关系变为既有经济性又有社会性的复杂交换关系。

这句话的核心是价值交换，职场中，一切人际关系都是建立在"有价值"的基础之上，当下属的价值与领导的期望或者团队利益悬殊的时候，是很难融进去的，也很难取得领导的青睐。

下属与领导之间的价值交换是一种双向的关系，即领导希望从下属那里得到某些价值，同时下属也期望从领导那里获得相应的价值。

对于领导来说，他们通常会期望下属能够为团队和组织作出贡献，完成任务和目标，并且能够在工作中表现出高效率和创新能力。此外，领导也会希望下属在工作中表现出忠诚度和责任感，保

持积极的工作态度，以及与其他同事协作良好。

而对于下属来说，他们通常期望领导能够提供合适的资源和支持，以便完成任务和目标。此外，他们也期望领导能够给予他们足够的信任和自由，让他们能够自主地发挥自己的能力和创造力。此外，下属也希望领导能够给予他们合理的薪酬和福利待遇，以及公平的职业发展机会。

因此，下属与领导之间的合作是建立在价值交换的基础上，必须通过双方的努力，才能实现双赢。

5.2.3 领导处于顺境时，要给予积极回应

"有好事情时，要把领导当普通人看"，这句话的意思就是要学会换位思考。当领导处于顺境时，如果实在不知道怎么做，可以换位思考下。即当自己顺风顺水，遇到好事情时，希望别人怎么做，考虑清楚之后，再决定自己的行为。

（1）送祝福

送祝福在任何时候都是合时宜的，比如，我们每个人高升或者取得好成绩的时候，都希望得到别人的祝福。俗话说礼多人不怪，同样，当领导取得成就，有好事情的时候，送上祝福一点都不唐突，哪怕只是发个短信祝贺一下，也能给领导留下个好印象，也能为将来打交道做好铺垫。

（2）送关心

下属都想得到领导的关心，但有多少下属主动关心过领导？主动关心领导是向上管理中的一项重要策略，通过主动关心和尊重领

导，可以迅速拉近与领导的关系，增强彼此之间的信任和合作。

⊙ 案例 2

　　小科员小李，在食堂遇到了出差很久回来的领导，就大声说了一句：领导您回来了，最近辛苦了吧，您看都憔悴了不少，要注意休息啊。

　　领导哈哈大笑说，最近参加的会议确实太多了，操心的事情也不少，晚上睡不好。

　　后来他跟别人提起最近特别忙的时候，总会想起小李的话，说道：小李看到我都说我憔悴了不少。

　　作为下属就要主动给领导一些关心，通过多种方式表达出来。首先，定期与领导沟通交流，了解他们的工作和生活情况，询问他们是否需要你的帮助或支持，以便更好地满足他们的需求和期望。其次，关注领导的工作进展和成果，及时给予认可和赞扬，表达敬意和感激之情，同时也可以提供一些建设性的反馈和建议，帮助他们更好地完成工作任务。

　　此外，还可以在适当的时候送上一些小礼物或祝福，如生日礼物、节日祝福等，以表达自己对领导的关心和友好。

（3）送反馈

　　下属要合时宜地给领导送上自己的反馈，尤其是领导有一些新做法、新举措的时候，要及时做出反馈，让领导觉得有回声。

　　一次，领导讲完课，笔者起身准备离开会议室，却被领导叫住："王主任，你不给点评一下？"这时，笔者才恍然大悟，领导做的事也不全能运筹帷幄决胜千里，也想看到下属的回应，于是笔者赶紧认认真真地有理有据地给了他反馈。

（4）送感谢

当领导做出高明的举措和惠民政策时，特别是与下属切身利益有关的，下属要及时表示感激。领导为下属做的任何事情，并不是大家所想的那是"领导一句话的事儿"，有时候可谓是千辛万苦。

所以，这时一定要及时送上感激的话，让领导知道为下属创造了福利，是会被记住、被感恩的。

5.2.4 〉 领导处于逆境时，要给予尊重

领导处于顺境时，要锦上添花，送祝福，送关心，送感谢。当领导处于逆境时要给予尊重、帮助和实际行动，雪中送炭。

有句话说，"当领导有不好的事情时，要特别把领导当领导看"，意思就是领导都需要被尊重、被理解。那么，具体应该如何做呢？可以采取以下 4 种方式。

（1）表达理解和支持

在逆境中的领导可能会感到沮丧、无助或焦虑，作为下属，可以通过表达关心和支持来鼓励他们。可以向领导询问他们的情况，并提供一些积极的话语和建议，让他们感到被支持和关心。

（2）保持积极态度

处在逆境，领导需要下属的支持和帮助，而作为下属，也需要保持积极的态度和行动。可以向领导提供一些积极的想法和建议，帮助他们看到问题的正面和解决方案。

（3）提供资源和帮助

如果领导在逆境中需要帮助或资源，下属要主动提供帮助，比如，安排时间、人力资源，提供技能和专业知识等。这不仅有助于解决问题，还能提高与领导之间的信任度。

（4）提供反馈和建议

在逆境中，领导需要听取下属的反馈和建议，以便更好地处理问题。因此，可以向领导提供一些有建设性的反馈和建议，帮助他们更好地应对挑战。

总之，在领导处于逆境时，下属可以通过表达关心和支持、提供资源和帮助、保持积极态度、提供反馈和建议等方式来支持和帮助他们，从而增强双方的信任和合作。

和谐的上下级关系会让工作更高效，尤其是下属，如果可以掌握一些与领导的相处技巧，会让这种关系更顺心、更牢固。

5.3　处理好与领导关系的技巧

5.3.1 ＞ 主动改变，去适应领导

常言道，江山易改，本性难移。一个人无论扮演什么角色，在生活中充当父母、爱人、孩子，在工作中担任领导、下属，性格都是很难改变的，各有各的性格。但在人际关系中，不能人人都个性十足，总要有一部分人先选择改变和适应。

那么，谁先低头呢？那就是自己，在亲子关系中如果你是父

母，就是父母先改变，如果是子女，就是子女先低头；职场关系中，如果自己是领导就是领导先改变，如果是下属就是下属先改变。

很多时候，改变别人几乎不可能，那就先改变自己。欲建立良好的上下级关系，就必须改变自己的处事态度，只有先改变了自己，才能够做到在什么山唱什么歌。

⊙ 案例3

张先生是一位项目经理，非常强势，但很不幸，他遇到了一个性格更强势的领导。两人相处得很不愉快，因为工作分歧经常起纷争。一次，张先生负责的一个项目，在确定项目执行标准时，他坚持使用新标准，和领导的意见恰恰相反，在部门会议上，领导直接宣布使用旧标准的决定。

张先生在会议上，忽然激动起来："新标准更适合这个方案！""我处理过好几个类似的案例，在这件事上我有不同意见。"

领导的神情马上不对，说新标准有点问题，应该继续沿用旧标准。并说，如果想不明白，会议结束之后单独来找他。

张先生非常委屈，但也没有办法，只好使用旧标准。

最后两个人不欢而散，几个月后，这个项目完成时，张先生才发现领导的决定是正确的，自己坚持的新标准有好几处漏洞，虽然在算法上没什么太大区别，可如果从行业风险和法律风险上来说，还是欠稳妥。

工作中下属应该适应领导，下属要想与领导和睦相处，就得学会适应，主动去改变，适应领导的管理风格。

领导的管理风格不尽相同，要注意了解领导的想法、行事风格以及这种风格的优点和缺点，根据不同的管理风格调整自己的工作方式。如果领导是雷厉风行式的，就要尽量适应他的节奏；如果领导节奏慢而严谨，就不要总是向前冲。

常见的领导风格有如图 5-3 所示的 3 种。

图 5-3　常见的领导风格

（1）权力控制型

权力控制型领导控制欲非常强，把上上下下所有工作都握在自己手中，很少向下属授权或者分权，想对每个细节都做出明确的指示。

对于这类领导的适应方法是，先认可领导所说所做，定期、及时汇报每一步工作，及时满足他想掌控一切的感觉。然后主动承担领导缺乏兴趣或不擅长方面的工作，展示自己的能力，获得他的信任，为日后施展拳脚创造条件。

（2）能力平平型

能力平平型领导虽然专业知识有些欠缺，对业务也不是特别精通，但十分受欢迎。对企业忠诚度高，对下属又有亲和力，能给予充分的尊重和自由。他们在工作中担心自己说外行话，做外行事，影响了自己的权威，大多有点不自信，但是又想要大家听从他的指挥。

对于这类领导的适应方法主要有三点：一是要学会尊重，给领导一种被尊重、被重视之感；二是对于拟订计划、方案，要让领导做出最终的裁定；三是永远不要让领导出丑。

（3）注重细节型

注重细节型领导会在工作的细节问题上"吹毛求疵"，体现他地位的优越性。对于这类领导的适应方法是在工作中展现出自己的专业性，展现自己的能力，获得他的认可，利用自己的优势，主动查漏补缺，适当填补管理真空。同时，要非常细心、准确和仔细，注重沟通，保持精益求精。

物竞天择，适者生存，无法改变环境，只能适应环境才能生存。同样，当无法选择领导时，只能研究透领导的方方面面，去适应他。无论什么样的领导，自己都能够应付自如，而不是遇见困难就逃避，学会与不同类型的领导打交道，职场之路才会畅通。

5.3.2 〉多给领导一些额外帮助

很多下属非常不愿意为领导提供额外的帮助，尤其是当领导新增任务时，总是一再拒绝和否定。虽然我们不提倡加班，但对于领导安排的两种任务，作为下属是要及时提供帮助的。

（1）团队难题

领导往往是团队的直接负责人，当团队遇到麻烦，直接负责人压力是最大的。这个时候，他最希望的是自己的团队成员勇敢地站出来，勇于承担一些责任。这个时候，有没有能力做好这个事情不重要，重要的是能够站出来，这是一个人大局观的体现。如果你能替领导解决更好，如果解决不了，领导也会觉得你至少是一个负责任的下属。

当你的大局观、价值得到大量体现时，领导自然会觉得你值得重用。

⊙ 案例 4

两个男人在谈话：

甲说，今晚又要加班了，我已经连续加班两周了，这个项目搞了这么久还没完，这样的公司怎么还不倒闭。

乙说，对啊，好累，让 ×× 部门的同事去拼搏就好了，我不想认真做，好希望领导把我炒掉，赔偿我三个月工资，走人算了……

从他们的牢骚中除了听出来怨气满腹、想置身事外、不想贡献之外，还能听出他们缺乏一种职场上的核心素质——大局观。

大局观通俗地说就是凡事长远考虑，以得与失的辩证关系原理去看待问题，不惜代价去谋求最后的胜利，以大局为重。在一个团队或在一公司中，人人都得有大局意识，这不仅仅局限于领导。领导作为团队的灵魂人物，大局意识是基本素质，他的远见、他的才干、他的运筹帷幄都能够决定团队的命运和未来。领头羊有多强，团队就能走多远。除了领导，下属具备大局意识也是至关重要的，有没有紧跟领导的步伐、领悟其目标思路，有没有高效地去解决困难、完成项目工作。

（2）紧急任务

对于紧急任务，如果领导确实需要你的协助，千万不要拒绝。在工作中，紧急任务是无法避免的。当领导给你分配紧急任务时，拒绝是不明智的做法。以下是一些建议，可以帮助应对领导安排的紧急任务，并在有效处理这些任务的同时确保本职工作的质量和效率。

具体做法如图 5-4 所示。

立即回应　　与领导沟通　　计划时间　　调整计划　报告进展情况

图 5-4　处理紧急任务的做法

① 立即回应　如果领导分配了一个紧急任务，你需要立即回应并表明自己会尽快开始处理这个任务。

② 与领导沟通　在开始处理任务之前，可以先与领导进一步沟通，以确保你完全理解任务的范围和要求。这有助于确保你处理任务时能够正确地理解领导的期望。

③ 计划时间　处理紧急任务需要高度的专注力和优先级，比如，可以重新调整日程安排，以确保有足够的时间来完成任务，并在任务期限之前交付。

④ 调整计划　如果紧急任务需要占用大量时间和资源，并且可能会影响到其他任务和优先事项的进度，可以及时向领导提出建议，以寻求调整，在寻求调整时，要提供替代方案或建议，并说明

各种活动可能的后果。

⑤ 报告进展情况　当自己正在处理紧急任务时，需要及时向领导报告进展情况，这将有助于领导了解你的任务进度并做出必要的调整。

总之，当领导安排紧急任务时，下属拒绝是不明智的做法。正确的操作是，尽快开始处理任务，并与领导进行进一步沟通，以确保理解任务的要求和期望。同时，合理规划时间，调整其他任务和优先事项。这样，不仅可以有效地处理紧急任务，还可以提高自己处理本职工作的效率和质量。

主动为领导提供额外帮助，并不意味着大包大揽，对领导交代的任何事情，都不加拒绝地接受。千万不要轻视这个问题，大部分人很难把握这个度。

⊙ 案例 5

刘旺是一家公司的优秀员工，他非常勤奋努力，工作认真。有一天，他的领导想要找人制订一份新项目的计划书，但是同事都拒绝回应。既然没有同事愿意承担，刘旺便像往常一样站出来接下了这份工作。

领导对他的行为当即赞赏，而他的行为同事也都很了解，因为只要他们坚持不接受这样的工作，那么刘旺最后一定会站出来。

那么，像刘旺这样习惯性地接受超额任务，是不是就一定会获得领导的赏识，工作升迁，获得同事们的喜欢，拥有良好的人际关系？答案是不可能的。

尽管刘旺非常勤奋踏实，但很多时候无法按时完成工作，因为手头的工作太多了。无法按时完成工作，就会影响到项目进度。更重要的是，容易让领导产生依赖心理，凡事都躲在后面，不给他升迁的机会。因为领导需要这样的人，继续承担他原本不需要承担的任务，所以，这样的人可能会永远待在原岗位。

而在同事眼里，他无非是一个任劳任怨、喜欢多干活的傻瓜，如果有机会，他们可能更愿意把手头的工作都丢给他。最后很有可能出现的结局是，手头的工作越来越多，最终无法按时完成，属于常态。

如果你不想让自己变得和他一样，就要明确什么额外工作能接，什么不能接受。首先要明确自己的关键职责，做好自己的本职工作。而对本职工作以外的事情，应该搞清楚谁最有责任去完成它。如果自己不得不参与，也要让自己尽量去当好主要负责人的助手，有时候只需要提出建议，协助领导去做就可以了。

5.3.3 维护好领导的主角形象

在上下级关系中，领导永远是主角，作为下属要维护好领导的主角形象。领导之所以是领导，肯定有其过人之处，可能是在专业知识、管理能力方面，也可能是在为人处世或情商方面，总有他的一技之长，而且越成功的领导，这种特征越明显。很多下属却不懂，认为领导是不是摆设，占着高位不作为，只看到了领导的弱项或不足，却看不到优势和特长。作为下属不要用自己的理解去评判领导行还是不行，只需要时时事事把领导当主角、维护好领导的形象和权威就够了。

那么，具体应该如何做呢？如图 5-5 所示。

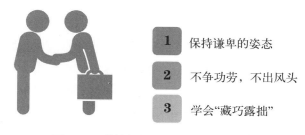

1 保持谦卑的姿态

2 不争功劳，不出风头

3 学会"藏巧露拙"

图 5-5　维护好领导形象和权威的方法

（1）保持谦卑的姿态

维护好领导形象和权威的第一方法是，始终保持谦卑的姿态，低看自己，高看领导，保持一种空杯心态。我们常讲，人至低则无敌，只有把自己放低，你才能收获更多。有些下属个性张扬，在领导面前总想表现自己，结果越想表现越无法证明自己。

最常见的一种现象是越级汇报，有些下属在被直接领导否定后，总认为领导不理解自己的观点，不懂得自己的奇思妙想，于是越级汇报，找更高级的领导证明自己，以此间接来说服领导。还有些下属，给自己冠以做事直接、坦率、真诚的美名，经常主动地、非主动地越级汇报工作，其实就是在他们头脑中，根本就没有层级观念。

越级汇报是职场大忌，会给直接领导一个措手不及，并认为你不服从管理，甚至引起不必要的猜疑，认为你想取而代之。而对越级领导而言，也会防着你，即便你提出的意见非常完美，但你的行为破坏了公司的正常运作程序，影响了公司的人际关系和氛围，影响之弊大于意见之利。

锋芒毕露，殊不知，"锋芒"是会刺痛人的，尤其是在领导面前，你的锋芒会让对方没有安全感，让对方不舒服。

（2）不争功劳，不出风头

维护好领导形象和权威的第二个方法是，不争功劳、不出风头。作为下属，人微言轻，最容易耐不住寂寞，因为太渴望成功，太渴望升职，太渴望证明自己。于是，总想着在关键时刻露一手，出风头，其实往往是"懂得太少，表现太多；才华太少，锋芒太多；很浅薄，一眼就被人看穿"。

在同一个部门，论功行赏是常有的事情，尤其是销售工作。哪怕不是销售工作，只要稍微正规点的公司都会阶段性述职，做工作报告。不是自己的功劳，作为下属一定不要往自己身上揽。"火车跑得快，全靠车头带"，没有领导的英明指导，下属真的很难取得好成绩。同样，当下属出了成绩，最大的功劳应该是领导的，即使作为下属的你在全程参与，但也得先归功于团队，而团队利益的代表就是领导，个人利益可以在领导的主持下再次划分。

总之，一个原则，触及利益的东西坚决不要随便占为己有，否则，最后受伤最重的可能就是自己。当然，遇到恶意抢下属的功劳、功利心强的自私领导除外，这种情况下该争取就要争取。

（3）学会"藏巧露拙"

要学会"藏巧露拙"，忍者才能无敌。想证明自己行，不一定非得表现得锋芒毕露，要学会见机行事，领导让你发挥的时候你全力发挥，不该发挥的时候就收敛一些。

什么时候才是真的"行"？不是抓住一切机会崭露锋芒，而是做出成绩，让领导折服，让领导觉得你行，同事认为你行，甚至同行所有人都认为你行。

比如，在策划行业，很多人标榜自己是"×× 大师""××专家"，其实真正的大师、专家往往都很低调，不敢或者不屑于这么炫耀自己，因为这个行业看的是 "结果"。自诩是所谓的 "大师" "专家"，可能会骗人，但 "结果" 不会，因为 "真相" 只有一个。

5.3.4 〉 不 "拆台"，要 "补台"

经常听到这么一句话："领导永远是对的，如果领导错了，一定是因为我的错导致的。"虽然这句话有些夸张，但却深刻说明了一个道理，就是发现当领导犯了错，要努力去 "补台"，而不是 "拆台"。

人与人之间最健康的关系是 "人抬人"，而不是人踩人，作为下属，对领导要学会 "抬轿"，一旦 "拆" 了领导的台，你们的上下级关系可能就走到头了。当然，如果领导胸怀宽广，有个好人品，可能你有缓一缓的余地。

⊙ **案例 6**

笔者刚步入职场的时候，不谙世事，曾经犯过一个大错。

有一次销售部开会，销售部长让各位业务人员汇报一下市场情况，先是大区经理，后是办事处经理，基层的业务经理基本上没有发言的。轮到我们区域汇报情况，办事处经理汇报完，销售部长问其他人还有没有别的要反馈的，我傻呵呵地说 "×× 地方假货比较多"，还一直啰唆没完。负责内勤的大姐立马给我使眼色让我坐下，不要讲了，让办事处经理讲。销售部长说："×× 经理，你们区域要做好打假工作。另外，这还说明，我们的品牌在当地做得还不够强势，宣传还没做到位，如果你们做得够好了，假货自然没人买了。"后来，大区经理狠批了我一顿，说："你以为销售部长不知道那个市场假货泛滥，整个公司都知道，你还装聪明，瞎表现。"我们办事处经理人比较温和，看我是新人，也没怎么说我，只是提醒我以后注意，不要再做这种傻事。

这件事让笔者记忆深刻，自以为说了一个只有自己看到的事情，殊不知是把办事处经理、大区经理的活儿"抢"了，这就相当于暗中捅了他们一刀，直接拆台。现在想，真是羞愧，从那以后，笔者不再做类似的事。遇到这种情况可以先给办事处经理、大区经理通报一声，由他们自己提出，或者在他们的授权下，再提出。

那么，如果领导犯了错，下属应该怎么"补台"呢？具体有如图 5-6 所示的 4 种做法。

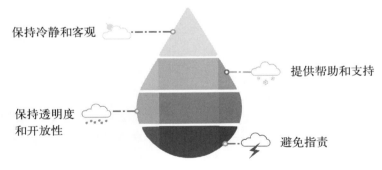

图 5-6　领导犯了错下属"补台"的做法

（1）保持冷静和客观

当领导犯错时，作为下属，第一反应可能是失望、生气或挫败感。但是，为了有效地应对问题，需要冷静和客观，全面审视问题，并避免任何情绪化的行为。

（2）提供帮助和支持

如果认为自己可以为领导提供帮助，那么应该直接向领导提出你的建议或解决方案。同时，也应该向其他团队成员提供支持和鼓励，以确保他们能够继续有效地工作。

（3）保持透明度和开放性

尽可能保持事情的透明度，确保其他团队成员了解问题的本质和影响。同时，保持开放的态度，鼓励其他人提出自己的看法和解决方案。

（4）避免指责

领导犯错虽然可能会对整个团队产生影响，但指责并不能解决问题。相反，应该积极寻求合适的解决方案，并在必要时与领导组成同盟，共同去解决问题。

总之，当领导犯错时，下属的角色是以合适的方式处理问题，并确保整个团队能够继续向前发展。这需要保持冷静、客观和开放，以便有效地解决问题，并最大限度地减少对团队产生负面影响。

领导与下属并不是一个对立面，更不是一个管与被管的关系。下属如果真的想要实现职业生涯的更好发展，应该把领导当成我们的盟友，我们是一个命运共同体，其实很多时候我们是互相成就的。

第 6 章

工作汇报：打开向上
管理的最佳方式

　　工作汇报是向上管理的一个常见的应用场景，下属要想做好向上管理，正确汇报工作必不可少。与此同时，凡是被领导喜欢的下属，都有一个共同点，即善于进行工作汇报，知道在什么时间以什么方式向领导汇报自己的工作情况。

6.1 工作汇报与向上管理

工作汇报是日常工作的需要，有利于领导随时掌握下属的工作状态和进度，判断下属能否按时保质地完成既定工作目标。美国作家马克·麦考梅克曾经说过一句话："谁经常向我汇报工作，谁就在努力工作。相反，谁不经常汇报工作，谁就没有努力工作。"这句话虽然很绝对，但站在领导的角度看，也不是毫无道理。

汇报工作也是下属向上管理领导的一种途径，下属汇报得越主动，对领导的"管理"越有成效。

⊙ 案例 1

A 和 B 都是某领导的助手，两人同时进公司，工作能力都很强，也都很敬业，分管不同的业务领域。但半年后，A 越来越受领导青睐，而 B 则开始慢慢被冷落，特别是重要的工作，领导都是找 A 商量。于是，B 心里很不是滋味，就找办公室主任王主任诉苦。

王主任告诉 B，其实领导对你们两个人都很器重，你们能力不相上下，各有千秋。但是有一点你是比不上 A 的，那就是工作方式。

看着 B 迷惑的目光，王主任说：每次领导给 A 任务，A 也和你一样认真，但他一完成任务就立即向领导汇报情况，对于重要的工作，甚至每完成一个阶段都会向领导定期汇报，而你每次都是等着领导来追问你才说。领导要负责整个公司的管理，千头万绪，如果大家都等着问时才汇报，他还怎么开展工作呀？

这时，B才恍然大悟，从此以后，也事事主动汇报，渐渐地又重新获得了领导的器重。

设身处地想一想，就不难明白领导喜欢A而疏远B的原因。其实很简单，A是主动工作，B是被动工作，主动和被动两种方式，效果大不一样。主动汇报工作能让领导及时了解工作进展，尤其是对于注重过程的领导而言，下属不汇报他就会产生各种猜测：下属在近段时间有没有完成工作，完成得怎么样，效果如何等，甚至认为，你不汇报是对自己的不尊重。

主动向领导汇报工作作为向上管理的一种途径，既是对领导负责，也是对自己负责。比如，工作中遇到困难，汇报的过程也成了向领导寻求帮助的过程。有些人能力很强，当圆满完成工作任务时，才向领导汇报；但有的人在工作中遇到了困难，自己又无法解决时，中途向领导做阶段性汇报，这时候，通过工作汇报可以获得领导的一些建议和帮助，打破工作僵局，使工作更顺利。

而且，主动汇报也体现了一种工作态度，会让领导觉得你至少在尽职尽责，认真工作，这样即使你最终无法完成工作任务，也会在领导心中留下好的印象。下面例子就说明了这个道理。

⊙ 案例 2

某家电公司一位销售经理下乡做市场实地调查，可一个星期过去了，市场部领导却没有得到任何反馈，部长很纳闷，主动打电话过去问：你在那边怎么样？这么久连电话都没有一个，不知道你在那里干什么？

销售经理说：我跑了一个星期，还没有一点结果，不好意思给您打电话。

后来，在一次营销大会上，领导就不点名批评了这位经理，一个分公司经理，平时一直不见打个电话，当需要资源的时候，却天天打电话，非常积极。

这个小例子说明，领导是需要下属经常沟通工作情况的，无论是好的情况还是糟糕的情况，都要定期汇报，否则，领导就会认为你对工作不负责。工作汇报应该是定期进行的，尤其是有变动和异常情况时，更应及时汇报，这是一种主动工作的态度。

6.2 工作汇报的原则

6.2.1 实事求是原则

同样一项工作，不同的人汇报，在领导那儿得到的结果是不一样的。之所以会这样，根源在于有些下属根本不会汇报。工作汇报需要严格按照一定的原则去做，工作汇报的原则有 4 个。

第一个是实事求是原则，这是工作汇报需要遵循的第一原则。因为，只有坚持说实话、办实事，确保汇报内容的真实性，才能为领导提供切实有效的数据、参考建议等，有助于领导了解当前的工作进度、工作状态，有助于领导做出符合实际情况的决策，对工作进行下一步计划。

　　然而，很多下属在向领导汇报工作时，不结合工作实际，如报喜不报忧，夸大业绩，隐藏问题；如在汇报材料的搜集上东拼西凑，弄虚作假；如对工作的分析思路、方法不对等，这样都是不符合实事求是原则的，可能一时蒙混过关，但终究无法持久。

　　确保符合实事求是的原则，需要做到如图 6-1 所示的 3 点。

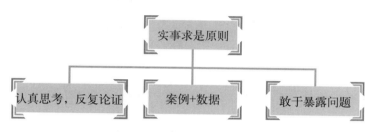

图 6-1　确保符合实事求是原则应该做的 3 点

（1）认真思考，反复论证

　　汇报内容避免以偏概全，以点带面，更不能凭空臆想。对于与汇报有关的内容，在汇报前一定要认真思考，反复论证，将整个工作的情况摸清、摸透。若有疑问，还要注意收集第一手资料，加以证明，并对材料进行科学、客观分析，整理出有规律性的东西，提炼出独特的思想观点。

（2）案例 + 数据

　　在形成汇报材料时，要注意呈现方式。这里要注意两点，一要有真实的案例，二要有客观的数据。这是对工作情况最有力的说明。

　　因此，汇报要采用具体的、典型的案例，加以辅助说明，增强内容的可信度。同时，多用数据，比如，精准的数量、百分比等，使领导对工作有比较清晰的认识，尽量避免使用诸如大概、可能之类模棱两可的语言。

（3）敢于暴露问题

汇报不能报喜不报忧，只讲成绩不讲问题，只讲优点不提缺点。要有勇气按实际情况汇报，充分尊重事实，敢于暴露问题，做到功过分明、是非清楚。特别是对工作中的问题、过失，要如实汇报，多从主观找原因，主动承担责任，积极接受教训。

6.2.2 > 时效性原则

时效性是汇报工作的第二个原则，即向领导汇报工作要在一定的时间内进行，超出这个时间范围，汇报的意义就大大弱化了。

汇报工作的时间一般有 3 个，以一个 10 天为期的工作任务为例，汇报时间划分如图 6-2 所示。

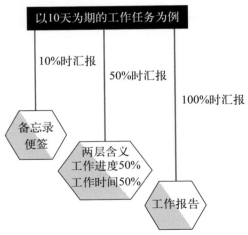

图 6-2　10 天期工作任务的汇报时间划分

10 天期工作任务的汇报时间划分分为，在完成工作总量的 10% 时汇报一次，完成 50%（工作时间达到一半）时汇报一次，全部完成时汇报一次。

（1）10% 时汇报第一次

10% 时的汇报，目的是防止在文字层面有理解上的误差，因为在沟通初期，双方即使达成了共识，很多事情也是没有办法 100% 表述清楚的。所以，在完成 10% 的时候汇报，就可以判断对方对任务的理解与最终预期是不是一样。比如，要写一篇策划案，10% 应该是完成大纲。

（2）50% 时汇报第二次

50% 时汇报第二次，重点是汇报整体项目的完成程度。这里的 50% 有两层意思，一层是工作进度到 50%，另一层是工作时间到 50%，这两者谁先到汇报谁。工作进度先到 50% 了，时间没到就先按工作进度汇报；工作进度没有到 50%，工作时间进行一半时，也得主动汇报。

需要注意的是，在这个阶段如果预期无法完成任务，计划延期多少，要明确提出。

（3）100% 完成后汇报第三次

最后，就是在 100% 完成后的汇报，这个时候的汇报是全面性总结报告，需要严格按照工作报告要求去写。

这个汇报时间不仅只适用于长期任务，也适用于短期任务，即便 3 小时的任务也是如此。假如，领导在早上 9：00 布置了一项任务，要求中午 12：00 准时完成。那么，下属在接到任务之初，了解基本情况后就要马上汇报一次；进行一半或 10：30 时再汇报一次，若需要延期在这时要特别说明，说清楚无法完成的原因；12：00 完成后，形成总结报告，汇报最后一次。

在汇报工作时，必须将时效性原则放在第一位，做到尽早请示、及时汇报，特别是在发生紧急突发情况时，必须第一时间打报告。条件不允许或来不及当面汇报时，可以通过电话、短信等渠道上报，让领导及时获知信息，做出指示。

6.2.3 精简性原则

工作汇报的内容不能是流水账，太过于宽泛，也不能事无巨细，主次不分。而是要精简扼要，主次分明，直入主题，突出重点。这就要求下属在汇报前，对汇报内容进行高度归纳、概括，既要准确地反映出信息要点，也要有助于领导快速掌握情况、分析决策。

精简性原则的要求有如图 6-3 所示的 3 个。

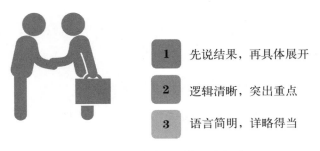

> 1 先说结果，再具体展开
>
> 2 逻辑清晰，突出重点
>
> 3 语言简明，详略得当

图 6-3 精简性原则的 3 个要求

（1）先说结果，再具体展开

汇报时，以结果为向导，先以简洁话术说明工作取得了什么结果。既然是汇报，结果一定是领导最关心的内容，所以结果要先行，开口第一句话一定要是结果，有了结果，领导才有更大的兴趣听下一步关于细节的具体做法、措施、关键环节及实施过程中遇到的问题。

先说结果，这与吃饭上菜一样，要先上好菜，好的菜能一下子抓住人的胃。同样，向领导汇报工作也要先说结果，也就是最得意的成绩要先呈现出来。否则说了半天，还没说到点子上，领导可能就会不耐烦。

（2）逻辑清晰，突出重点

向领导汇报时，要注意篇章结构，一定要有逻辑性和层次感，尤其是领导关注的工作重点和关键点要重点呈现。汇报工作与写文章类似，篇章结构正确方能显示出汇报者的逻辑层次。最常用的结构是"总—分—总"，即先提出观点，然后围绕观点进行充分论述。

要点多的要分条列出，1，2，3，……每条都列得清清楚楚。一般是按工作轻重缓急做好分类，将重要的、紧急的事件置前，开门见山，快速引起领导注意；不太重要、可以缓一缓的，放在后面，时间来得及再做讨论，做到省事而不误事。

（3）语言简明，详略得当

无论是口头报告，还是书面报告，切记内容都不要过于冗长。很多人的工作汇报，不但啰唆，而且说着说着就跑题了，这就是没有分析清楚汇报内容的轻重，没有把握住分寸。对于不同的汇报内容，在运用语言表达时应该有所侧重。

对于领导关注度高、涉及面广的要进行详细汇报，最好把来龙去脉说清楚。对于工作中的重点亮点，要浓墨重彩地去说，对于不太重要的可以省去，或者单独列出来附在报告后面，供领导参考。

简而言之，在找领导汇报工作之前，应当先把要汇报的信息进行一次过滤，留下重要的，省去不重要的，把领导关心的、工作核心的内容进行深入汇报、详细汇报，切忌面面俱到、眉毛胡子一把抓。

6.2.4 > 秩序性原则

秩序性原则是指，在汇报工作时要尊重只向直接领导汇报的原则，除特别紧急、特殊情况下，不能越级汇报、多头汇报。

越级汇报、多头汇报常出现在一些初入职场的人身上。这类人求胜心切，都想着尽快进入公司高层的视线，求得更多表现机会。尤其是工作比较突出者，生怕高层不知道业绩是自己做的，往往按捺不住欲望，进行越级汇报或多头汇报。

⊙ 案例 3

A 是某公司的老员工，在公司摸爬滚打五六年，当期，正好有一个升职主管的机会，他非常渴望得到提拔，但他犯了一个错误，在向自己的主管汇报这一想法时，同时也向上上级领导做了相同的汇报，阐述自己这几年的工作情况及想法。

上上级当即对他进行了肯定，并说不会辜负一个有能力的员工，一定会给大家好的舞台。结果，令他没想到的是，一个星期后竟被调了岗，负责做一些杂事。他明显地感到，这无异于发配边疆，自生自灭，无奈之下辞掉工作。

按照正常的人才培养制度，再加上这几年的努力付出，本以为是可以轻松竞聘上的，但最终落得个"被边缘化"的结果。也许，领导的做法有些苛刻，但也无可厚非，作为普通员工，再想升职也不能多头汇报，这是职场大忌。

也许，大部分人无意伤害自己的直接上级，但越级或多头汇报的行为绝对不可有，因为这打破了企业的整个管理秩序，企业管理是有层级的，按照层级管理要求，大领导只需管理好手下的中层就行了，当收到越级的工作汇报，肯定不会去看。

越级汇报、多头汇报行为，无形中打破了一级管一级、一级对一级负责的规则，先不管汇报内容怎么样，至少在程序管理上是有问题的，容易造成工作指令混乱，执行有误。

另外，这种行为还容易在同事心中形成"爱打小报告"的坏印象，被同事误认为是溜须拍马、刻意表现，进而被孤立、疏远，甚至被排挤。

失去领导的信任，又受到同事的非议，这样的职场环境将会是非常痛苦的，每前进一步都很难。

6.3　工作汇报的 5 个步骤

6.3.1 > 第 1 步：充分准备，打好腹稿

在汇报工作前，一定要做充分的准备，对汇报内容做到心中有数，从开头、过程和结尾等各个阶段都做好准备。尤其是汇报的过

程，在时间的把控、目的的明确、重点内容的突出上都要有所准备。

⊙ 案例 4

小林突然接到办公室主任的电话："你们部门经理出差了，你赶紧去集团公司董事长的办公室，向领导汇报一下项目的进展情况。"小林激动之余，也有点不知所措，平时都是经理去汇报，自己也没有经验啊。正好电脑里有一份给经理准备的项目进展情况报告，他赶紧打印两份，进了董事长的办公室。

小林把材料交给领导，自己坐在领导对面，不敢抬头，低头念稿子。董事长边听小林汇报，边翻看材料，过了五分钟，有些不耐烦地说："这不是开大会，你别念稿子了，简单说一说就行。"

小林顿时满头大汗，吭哧吭哧说了五分钟，董事长摆摆手说："你先回去吧，我越听越糊涂，我先看看材料，等你们部门经理回来，让他到我这里来一趟。"小林悻悻走出领导的办公室，拍拍胸口安慰自己。

向领导汇报工作是职场人士的基本功。但汇报工作，也是一把双刃剑，既可能给你加分，也可能给你减分。对于小林来说，由于没有掌握汇报工作的技术，不但丧失了一次展示自己的机会，还减了自己职业形象的分。

所以，向领导汇报工作是需要作准备的，这点非常重要。在具体准备上，可以从如图 6-4 所示的 4 个方面入手。

（1）做好开场白

开场白就是从开始打招呼到进入正式汇报工作之间的过渡话语，目的是让工作汇报更加自然。

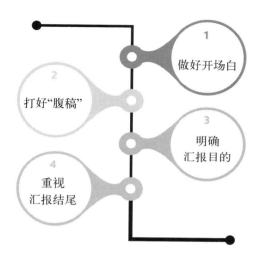

图 6-4　向领导做工作汇报前的准备

工作汇报的开场白有多种，最常用的就是以领导的要求为开头。比如："王总，上次您布置的销售调研报告已经初步完成初稿，相关统计资料都已经出来了，现在向您汇报一下我们的调研情况。"这样开头，一是介绍这个工作是领导布置的，二是展示领导布置工作以后我们执行的效果，显示下属对领导工作的重视。

（2）打好"腹稿"

向领导汇报工作非常体现汇报者的工作水平和表达能力，需要提前打好腹稿。念稿子，固然比较安全，但效果很差，暴露出下属口头表达能力的弱点。所以，向领导汇报工作，要提前打好腹稿。

有两种准备方法：第一种是平时养成习惯，提前熟悉汇报材料，形成严密的口语表达逻辑，提前把稿准备在肚子里；第二种是临时抱佛脚，在汇报前迅速组织汇报语言，把汇报材料给领导一份，自己拿一份，目光平视领导，侃侃而谈，必要时可以看一眼稿子，此时此刻，稿子只是一种备用，最主要的还是靠临场发挥。

（3）明确汇报目的

事先一定要思考好工作汇报的目的是什么。这是一个根本性、方向性的问题，也是要汇报的主题。可以说，这个问题解决好了，汇报就成功了一大半。有的下属之所以汇报得不太成功，关键就是目的不明确，汇报材料凌乱无章，让人听了半天也不知道在说什么。

很多时候，大家在事前汇报工作方案时，一个劲地强调自己的目的，却忽略了领导的预期，即自己理解的目的与领导想要的不一致。所以这里要明确目的，既包括自己的目的，也包括领导的预期，两者要兼顾，达成共识，这是明确汇报目的的关键所在。

一是要分析领导听汇报的目的，要把此次汇报放在一个较大的背景下进行分析，比如：为什么在这个时候领导要听汇报，要听的内容与当前中心工作的关系是什么，要听汇报的领导平时的习惯是什么，等等，都要琢磨透彻。

同时，一定要把主要问题搞清楚，如汇报事项的发生背景、来龙去脉、当前进展、存在困难等，做到底数清、情况明，谋定而后动。在汇报之前，除了自己的语言逻辑，还需要预判领导可能提出的疑问，以达到"不怕问""问不倒"的效果。

（4）重视汇报结尾

工作汇报完成以后，要对领导的要求做出相应的回应。比如，领导提出修改要求，那么你就可以说：王总，这篇材料要修改的地方我都记住了，周末再加班修改完善，下周一一定交给您。也可以在工作汇报完成后，对领导的要求快速地进行简要总结，以核对自己的理解有没有错，与领导所讲的是否一致。

6.3.2 > 第 2 步：准备 3 份解决预案

⊙ 案例 5

一家公司的两位顾问杨甲和张乙，他们先后向领导汇报了自己的工作进度。

杨甲："我近段时间采访了公司的高管，调研了主要竞争对手，也研究了我们公司的组织架构，发现我们公司的组织架构过于冗余。例如，各工厂间的研发资源重复配置，导致它们之间的产品同质化严重，还有恶性竞争的倾向。要想解决这些问题，在短时间内是很难做到的。"

张乙："正如您所说，当前我们这个行业面临着严重的产能过剩窘境。我们公司要想继续发展，必须优化资源配置、淘汰落后产能、开发高端产品。然而，由于目前我们公司的组织架构冗余，例如，各工厂间的研发资源重复配置，导致内部恶性竞争（×× 与 ×× 两家工厂已在互相压价）；同时，资源分散导致高端产品的开发能力弱（高端产品占比是 ××，而竞争对手是 ××），只能在中低端产品上打价格战。因此，我建议将 ×× 与 ×× 资源集中到总部来应对这些问题，实现继续发展，而且这样做，可以节省 10% 的人力成本。"

假设你是张乙和杨甲的领导，在听到他们的工作汇报后，会更赞成谁？显然是张乙。虽然两人都提出公司面临的问题——组织架构冗余、资源重复配置，但张乙在每个问题后都附带有解决问题的方案，而杨甲只提出了问题，没有任何建设性的建议。

在实际工作中，像杨甲这样的下属大有人在，在向领导汇报工作时，只提问题不提方案，匆匆忙忙去找领导，态度倒是挺积极，但领导一问三不知。向领导汇报工作，最重要的就是提出解决问题的方案。

因为，我们做工作汇报，真实用意是解决问题，求得领导对问题解决方案的批准，而不是问领导如何解决，等着让领导拿主意。

带着方案去汇报工作，是十分讲究技巧的，一般需要准备 3 份方案。3 份方案相当于 3 个答案，便于领导做选择，参考方案都给出来了，就看领导如何权衡，最终选择哪个。

在这里需要注意的是，方案虽然是 3 个，但不是随便凑够 3 个即可，而是要针对某个问题，从不同层面、不同角度，由浅入深地提出上、中、下 3 个方案。

上、中、下 3 个方案常规的思路可以从个人、部门（团队）、企业 3 个方面入手，如表 6-1 所列。

表 6-1　制订解决方案的常规思路

方案	解决思路
自己的方案	面对问题，从个人角色和职责考虑，自己能做些什么，应该如何做
部门或团队的方案	从部门负责人的角度看，这个问题的影响和后果是什么，我们部门准备如何去解决
公司或组织的方案	从整个公司的角度看，事发生的背景，目前的状态，哪个部门或哪个人做比较好，其他公司有没有遇到类似情况，他们是怎么处理的

有了这 3 个方案，解决问题的思路也就越来越清晰，这是工作汇报的最精髓部分，也是自己思考能力、问题解决能力的最佳展示。更深层意义在于，久而久之领导就对你的决策很放心，敢于授权，让你自己做决定。

6.3.3 > 第 3 步：有逻辑地呈现过程

向领导汇报工作不能只汇报结果，虽然应该坚持以结果为导向，但过程也非常重要，在坚持以结果为导向的同时，也要循序渐进，有逻辑地展现过程。

接下来，我们来看一个实例对比。

⊙ 案例 6

"领导，今天上午 ×× 管委会 × 主任、××× 副主任、××× 科长、××× 副科长以及 ××× 秘书等一行五人来我们公司了，我司 × 总及 ××× 事业群 ×××、×××、××× 等出面接待，就 ××× 事宜进行了交流。

主要情况如下：× 主任说了几点，第一点是他认为我们合作在 ×× 地区搞 ×× 产业是合适的，当地政府产业转型的需求非常迫切，这点对我们来说是有利的；第二点是他说要一下子拿出 100 亿元有点困难，希望能按项目出资，但是他们副主任说市里面的分管领导说这点还是有商量余地的，我们认为 100 亿元的产业基金是合适的，也是必要的，否则就没法合作了；第三点是……。× 总代表我司对有关问题进行了回应，他说了几点……。

管委会还带来了一份材料，我放您桌上了，里面有很多信息都很有用，建议您看看。"

如此流水账式的汇报，相信你给领导留下的印象不会好。假如作如下改变，效果会好很多。

⊙ 案例 7

"领导，今天上午 ×× 管委会 × 主任等一行五人来我们公司了，我司 × 总等出面接待。会上 × 主任说了三个观点，一是确定了拟合作的产业方向，与我们比较匹配；另外两点是关于基金，在出资及规模等方面初步有一些探讨，但还需进一步沟通。

我认为管委会还是很有诚意的，可趁热打铁尽快安排回访。他们带了一份材料来，我已经把核心观点做了标记，放您桌上了，您可以抽空看看。另外，今天的会议记录已整理好发您工作邮箱，需要的话可以打开查看。"

展现过程要求头脑时刻保持清醒，理清头绪，避免漏洞和重复，具体可以采用以下方法。

（1）金字塔式的呈现方式

向领导汇报工作，最大的错误就是自己信心满满、滔滔不绝地说了很多，而领导一句也没听懂。之所以出现这样的结果，根源在于下属没有厘清所汇报内容各个部分之间的逻辑关系。

一个完整的工作报告，无论是口头报告还是书面报告，必须遵循一个最基本的逻辑结构：金字塔式。金字塔式的呈现方式是以"论点→理由→行动"三部分构成的一个金字塔状的结构，塔尖是"论点"，塔底是"行动"，中间是用以支撑"论点"，让"行动"更稳定扎实的"理由"，如图 6-5 所示。

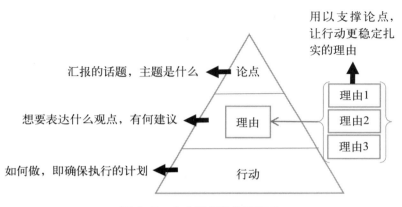

图 6-5　金字塔状结构示意图

下面结合一个案例来具体分析，如图 6-6 所示。

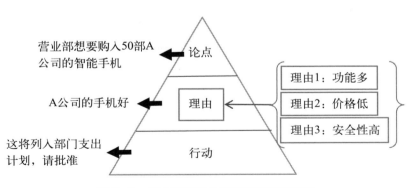

图 6-6　结合实例的金字塔状结构示意图

（2）厘清理由和结论的关系

这一部分是在金字塔结构的基础上进一步阐述的，重在厘清头绪、关系理由和结论的连接关系。在工作汇报中，结论非常重要。但是结论是否有说服力，需要足够的、有确凿依据的理由来支撑。

所以，厘清理由与结论之间的关系非常重要，最常见的有归纳法和演绎法两种。

归纳法，是指从并列的几个理由中找出共同点，从而总结出一个相对一致的结论。例如，部门经理发现刚招聘的这批业务员，在礼仪方面比较欠缺，并向总经理做了汇报。那么，部门经理如何证实这个观点呢？理由有三个：一是衣冠不整；二是见到领导、同事不打招呼；三是在客户面前很少用敬语。

这三条理由是并列平行的关系，具体如图 6-7 所示，没有谁重要谁次要之分，共同点就是不会社交，不懂礼仪。

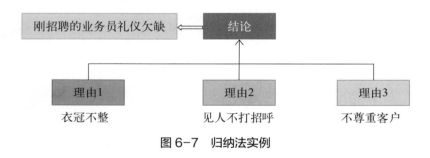

图 6-7　归纳法实例

演绎法是指将某个事实和与其相对应的规律（决定、一般常识、法规等）进行组合，从而得出结论。

业务经理认为新来的业务员 A 业务水平低，不具备独立拜访客户的能力，所以还得继续学习。之所以得出这样的结论，有两条理由，如图 6-8 所示。

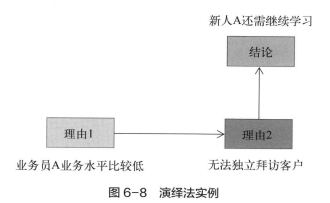

图 6-8　演绎法实例

（3）MECE 法

MECE 是 mutually exclusive collectively exhaustive 的缩写，是麦肯锡第一个女咨询顾问巴巴拉·明托（Barbara Minto）提出的一个重要原则。中文意思是"相互独立（mutually exclusive），完全穷尽（collectively exhaustive）"，核心是面对一个重大的议题时，在分解时要做到不重叠、不遗漏，并对各个部分分类，从而有效把握议题的核心，找到解决问题的关键。

所谓"不遗漏、不重叠"是指在将某个整体（不论是客观存在的还是概念性的整体）划分为不同部分时，必须保证划分后的各部分符合以下两个要求：

第一，各部分的完整性：分解工作过程不要漏掉某项，要保证完整性。

第二，各部分相对独立：每项部分要独立，相互之间没有交叉、重叠。

利用 MECE 法不但要对工作进行分解，还要进行分类，具体的分类标准可以采用如图 6-9 所示的 4 种。

图 6-9　MECE 法对各分解部分的分类标准

① 按照某事和某事之外分。将想要汇报的内容分为 A 和除 A 之外的其他部分，比如，主要事情与非主要事情，自己的事情与其他人的事情，管理层和非管理层，中国和其他国家，等等。

② 按照要素分。将影响汇报内容的所有因素进行分割。例如，10 岁及以下年龄层、11～20 岁年龄层、21～30 岁年龄层、31～40 岁年龄层等；水产、农林、矿业、建筑、食品、纺织等。

③ 按照过程分。按照所汇报事件的时间过程或空间过程进行分类，例如过去、现在、未来；计划、实施、评估、改善。

④ 按照公式分。按照计算公式的算法进行分类，一般用于组织目标值的设定或估算。例如销售额 = 单价 × 数量，利润 = 销售额 − 费用，接单数 = 提案次数 × 接单概率。

6.3.4　第 4 步：向领导获取指导

及时向领导汇报工作既是展示工作成绩、业务水平的重要机会，也是得到领导指导、求得领导支援的重要途径。然而，大部分下属只重视成果的展示，忽略了对领导指导的获取。

在向领导汇报工作时，要十分注意领导针对汇报而给出的补充性意见、重大举措、关键思路等。这些富有指导性的内容，有的领导会特意给出，有的则分散在谈话过程中，不经意间透露，这就需要汇报者有随听随记的习惯，认真聆听，及时记录；如果领导忘记了，在汇报工作即将结束时也要主动提出，请求领导对工作给出指导意见。

总结一下就是，在获取领导指导时，汇报者要做好以下两方面的工作。

（1）养成随听随记的习惯

汇报工作期间，领导随时可能做出指示，光靠脑子记可能会丢失信息，因此汇报时必须随听随记并将其体现到方案中去，以更好地指导工作开展。

（2）主动请领导给出意见

当工作汇报结束时，不要马上离开，一定要请求领导指点一二，这样不但给自己以后的工作方向指明道路，事半功倍，还会让领导认为你好学上进。

6.3.5　第 5 步：与领导达成共识

共识是汇报工作的最终目标，也是上下级良性关系的体现。有效的汇报就是汇报者与领导要达成高度一致的共识，领导认同下属取得的工作成绩，满意对存在问题的解决预案，下属认同领导对工作计划的重新部署、意见和建议。只有双方达成了高度共识，才能有利于下一步工作的顺利进行。

那么，什么是共识呢？所谓共识就是通过反复磋商，双方最后取得的高度一致的深度认识。共识是在认知、情绪、意识相互协作下发生的，随着个人持续学习和成长，共识的频率也会加强。只有达成共识了，沟通才能更高效，目标更一致，协作也更加默契，工作效率才能提高。

共识如此重要，那么如何达成呢？作为下属，需要做好以下 4 个方面的工作。

① 自己要清楚对于工作该如何操作，以及自己到底想达到什么目标，只有自己清晰了才能更好地做好工作。

② 自己在表达时需要清晰且具有一定的逻辑性，让领导能够听明白想要什么结果，且要确定对方真正接收到信息。

③ 当确认领导接收到信息之后，还要评估领导是否认同所说的，若不认同就需要再去沟通、去商量，争取相互认同，达成共识。

④ 沟通一定要有耐心，反复多来几遍，摘录重点信息，并与领导确认是否明白，直到达成共识。

6.4 工作汇报的撰写方法和技巧

明明能力不差，只因汇报时不懂技巧，不仅无法展现自己的业绩，还给领导留下不好的印象。反之，同事因注重汇报技巧，明白如何抓重点，最后赢得了领导认可。工作汇报得好，不仅能体现你的价值和能力，还能加深领导对你的态度和印象。

6.4.1 > 现场汇报

6.4.1.1　PREP 四步法

PREP 四步法是人与人之间的一种沟通方法，其中 PREP 是观点（point）、理由（reason）、举例（example）、观点（point）英文首字母的缩写，多适用于即兴演讲、现场汇报工作等需要表达观点的场合。

在表达观点时，要按照观点→理由→举例→观点的顺序进行，各个部分所代表的含义具体如图 6-10 所示。

P 观点	开门见山表达出观点，以快速确定整个谈话的主题，使谈话内容集中，提升沟通质量	R 理由	观点是论题，理由是论据，阐述理由不仅能够理清自己的思路，还能让对方循序渐进地理解观点
E 举例	是对理由的进一步阐述，让理由更加丰满，同时，也能证明理论的可行性	P 观点	结尾再次强调观点，目的是升华主题，既有总结的作用，又能加深领导对整场汇报的印象

图 6-10　PREP 四步法各部分所代表的含义

PREP 四步法简单易上手，即使不善言辞者，按照上述步骤多加练习也能很好掌握。接下来，结合具体的案例进行分析。

⊙ 案例 8

领导临时让下属汇报季度的销售业绩情况，那么，下属应该怎么汇报呢？详细步骤如下。

（1）P——结论

这里的结论就是观点，先说结论，开门见山地阐述观点和结论（本季度业绩目标是 1000 万元，实际完成 1200 万元，个人均完成了业绩 150 万元以上）。

（2）R——理由

再说理由，阐述支撑上述观点和结论的理由（本季度初就将任务以"周"为单位分解到了每个人身上，并每周追踪回顾完成情况）。

（3）E——示例

拿出例证，给出示例、数据来支撑观点和结论，强化理由（例如，员工 A 主要关注通过促销活动加快客户的库存消化，员工 B 则主要集中精力和资源开发了 2 个新客户）。

（4）P——结论

重申结论，再次强调观点和结论，进行首尾呼应（这次 1000 万元业绩目标的超额完成，离不开领导的大力支持和各部门的协同配合）。

6.4.1.2 一二三法

"一二三法"是一种极其简便的工作汇报法，是指将要表达的内容总结归纳为三点，并以第一、第二、第三的顺序清晰列出来，以使汇报者在说明情况或表明态度的时候，思路更加清晰。

⊙ 案例 9

例如：在向领导汇报明年的期望完成时，可以用"一二三法"回答。

我对明年的目标还是很有自信的，通过这次梳理我能够得出三点结论：

第一，我们的目标制订是合理且科学的。

第二，为了完成明年的目标我已经有了大致的方向和计划。

第三，我们团队目前的成员都很有冲劲。

所以我相信明年的目标是可以完成的！

类似的结构还有很多，常用句式如表 6-2 所列。

表 6-2 "一二三"结构常用句式

	常用句式
一二三结构	我的收获有三点
	我发表三个方面的看法
	我就三方面来谈一下自己的心得体会
	我们的任务划分为三步走
	目前有三个急需解决的问题
	我想给您三点建议

6.4.2 书面汇报

6.4.2.1 阐述清楚目标和要求

撰写工作汇报书面报告一定写清楚目标和要求，目标是作为汇报者希望通过工作汇报得到什么，是向领导展示自己的工作成果，还是获得领导的额外支持，或获取某些方面的资源。

要求是领导想要通过你的汇报得到什么，是想听听你在工作中发现的问题和解决思路，还是想知道你对未来工作的新规划和具体实施措施。

这些都是书面工作汇报撰写最基本的内容，应该明确提出。除此之外，还有一些没有明确标注的隐性要求，比如：领导比较看重数据，那就准备一份数据报表，KPI 达标没有，为公司创造了多少收益等；领导关注未来发展，那就在汇报中多谈谈长远规划，未来趋势等。这些隐性要求可按照不同领导的偏好进行取舍。

综上所述，工作汇报书面报告中的目标和要求详细内容如图6-11 所示。

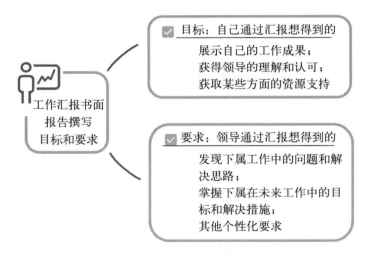

图 6-11　工作汇报书面报告撰写目标和要求

6.4.2.2　重点呈现四大板块内容

工作汇报书面报告因工作性质、领导的需求不同，内容非常多样化。但基本上可以总结为四个板块，这些板块可以用 SCQA 模型来分析。SCQA 模型是 situation、complication、question、answer 四个英文单词首字母的缩写，分别代表"场景、冲突、问题、答案"，具体如图 6-12 所示。

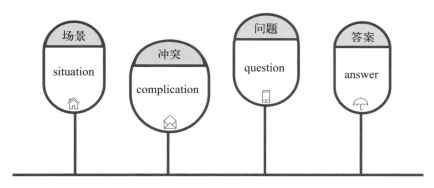

图 6-12　SCQA 模型的含义

这一模式的逻辑是先描述一个场景（S）→找出该场景中亟待解决的核心冲突（C）→针对冲突提出问题（Q）→对应问题给出解决方案（A）。

运用在工作汇报中，具体体现为如图 6-13 所示的内容。

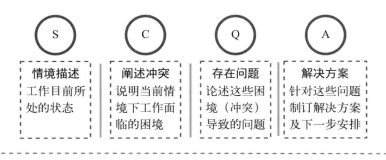

图 6-13　SCQA 模型在工作汇报书面报告中的运用

例如，你发现同事都涨薪了，而自己没有（S）→你以为只要努力就能涨薪，但领导认为你的努力毫无价值（C）→用什么办法可以快速涨薪呢？（Q）→有这样一个办法，先来改变领导对你的看法，从而达到涨薪的目的（A）。

再例如，销售经理在向领导汇报业绩的过程中，被问道：今年的销售计划为什么没有完成？销售经理可以这样回答，具体如表6-3所列。

表6-3　SCQA模型在销售业绩汇报中的运用

四大板块		具体内容
S	情境描述	领导，今年的销售指标只完成了95%，确实没有实现
C	阐述冲突	销售目标没有达成，对未来工作的影响有两个：1.＿＿＿；2.＿＿＿
Q	存在问题	由以上冲突导致的问题有3个，分别为1.＿＿＿；2.＿＿＿；3.＿＿＿
A	解决方案	关于这一问题的对策，给出详细的方案

（1）"情境描述"撰写技巧

情境描述不能只对工作做客观、简单的描述，而是真正地去体现工作的状态，包括自己所在岗位职责、工作取得的成绩、关键指标完成率及成败原因等。

撰写模板如下：

① 工作岗位：我所在的岗位是＿＿＿＿，主要负责＿＿＿＿业务，

承担的主要指标是＿＿＿＿＿＿＿＿＿＿。

② 工作业绩：目前我的工作进度是＿＿＿＿＿＿＿＿＿，已完成＿＿＿＿＿＿，目标超额完成，原因是＿＿＿＿＿＿＿＿；或没有完成是因为＿＿＿＿＿＿＿＿＿，离目标还有＿＿＿＿＿＿＿＿＿，这个问题以后将＿＿＿＿＿＿＿＿＿解决。

③ 成败原因：关于××工作，目前出现了一些意外情况，这个情况是＿＿＿＿＿＿＿＿＿＿＿＿＿＿，我能想到的解决方案有＿＿＿＿＿＿＿＿＿＿＿＿＿＿，您看怎么解决？

（2）"阐述冲突"撰写技巧

阐述冲突是对工作行进过程中所遇困难或窘境做详尽分析的过程，是发现问题、问题最终得以解决的重要前提。

在具体分析时，可以运用分析工具，比如，鱼骨图法。

该方法的具体操作方法是，在一张白纸上画一条直线，在直线一端画鱼头，一端画鱼尾，鱼头位置写业务名称，鱼尾位置写工作结论（也可不写），中间去分析具体原因，区分清楚已完成与未完成的部分，尽可能用一句话去概括。这样下来，整个总结的脉络就非常清晰了。

接下来，结合一个案例用这种方法进行分析。

⊙ **案例 10**

情景：某公司的产品交付及时率十分低，产品经理向领导做工作汇报。鱼骨图法如图 6-14 所示。

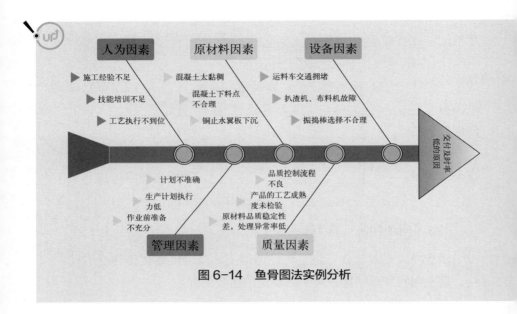

图 6-14　鱼骨图法实例分析

(3) "存在问题" 撰写技巧

撰写 "存在问题" 这部分是特别讲究技巧的，一般可利用一个公式来总结，即描述 + 原因 + 解决方案。

首先客观描述存在的问题，抓住主要问题，进而剖析造成问题的原因，最后提出解决方案（至少是 3 个，哪怕有些方案不太成熟也要准备）。

撰写模板如下：

×× 工作目标完成情况如下，目前已完成＿＿＿＿＿＿，还差＿＿＿＿＿＿，未完成原因是＿＿＿＿＿＿＿＿＿＿＿。对于未完成的目标，我有 3 套解决方案，分别为＿＿＿＿＿＿，产生这个想法的原因是＿＿＿＿＿＿＿＿＿＿。对于以上解决方案，能够起到的作用是＿＿＿＿＿＿＿＿，后期可能产生的影响有＿＿＿＿＿＿＿。

（4）"解决方案"撰写技巧

解决方案作为工作汇报书面报告的主要组成部分，不能过于笼统。虽然是解决悬而未决的问题，但严格地讲，更像是关于后续工作的一份详尽的计划书。

在具体撰写时可采用 PDCA 循环法。PDCA 循环是美国质量管理专家沃特·阿曼德·休哈特提出的一种质量管理法。PDCA 是英语单词 plan（计划）、do（执行）、check（检查）和 act（处理）的首字母缩写。

PDCA 循环是按照如图 6-15 所示的顺序进行质量管理的，并且会不断循环，直到问题得以彻底解决为止。

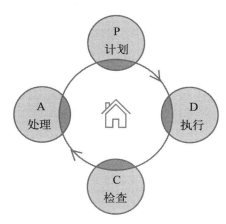

图 6-15　PDCA 循环示意图

PDCA 各个环节所代表的含义如表 6-4 所列。

表6-4　PDCA各个环节的含义

四个环节		具体内容
P	计划	包括方针和目标的确定，以及活动规划的制订
D	执行	根据已知的信息设计具体的方案，进行具体运作，实现计划
C	检查	总结执行计划的结果，明确效果，找出问题
A	处理	对检查结果进行处理，肯定成功的经验，并予以标准化，吸取失败的教训

以上4个过程不是运行一次就结束，而是周而复始地进行。一个循环完了之后，通常只能解决一部分问题，对于尚未解决的问题还要进入下一个循环。就这样阶梯式循环，逐步将问题解决掉，直到完全消失为止。

PDCA循环用在工作汇报书面报告中十分有效，有利于不断持续分析现状，不断发现问题，同步将问题解决，让方案接近完美。不过在这里，P环节和A环节会稍有些变化，P环节的"计划"可理解为"目标"，A环节的"处理"可理解为"改善"，具体如表6-5所列。

表6-5　PDCA循环在工作汇报书面报告中的运用

四个环节		具体内容
P	目标	要达到什么水平，具体的事情或数据
D	执行	怎么做使定下的目标更快达成
C	检查	怎么保证未来做的事能够实现目标
A	改善	如果计划不能满足目标需求该如何改进

综上所述，按照SCQA模型去撰写工作汇报，可大幅提升汇报的成效，不但有利于自己的阐述和表达，更有利于领导的接受和了解。不过，并不是每一份报告都要严格按照这4个板块去撰写，

SCQA（背景→冲突→问题→答案）是最理想的一种模式，但也要根据实际情况适当删减，或者为了突出某一部分内容，重新调整其他部分的顺序。

具体有如图 6-16 所示的 4 种变形。

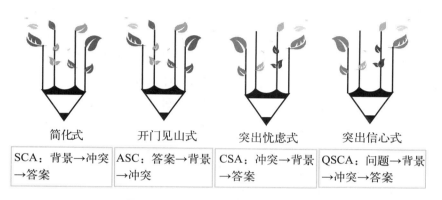

简化式	开门见山式	突出忧虑式	突出信心式
SCA：背景→冲突 →答案	ASC：答案→背景 →冲突	CSA：冲突→背景 →答案	QSCA：问题→背景 →冲突→答案

图 6-16　SCQA 模型的 4 种变形

无论使用哪种模式，最终目的都是服务于工作中问题的解决，工具是死的，人是活的，切莫生搬硬套，让工具毁了工作。

6.5　不同周期汇报的写作

6.5.1　日/周报写作：突出工作行动

提到工作日/周报，大多数人会嗤之以鼻，每次写日/周报都会怨声载道："有啥好写的，简直是浪费时间。"因此，有些人从来不写，有的人则草草几句应付了事。

写日/周报虽然很简单，但作为一个人对一天/周工作的总结和反思，非常有利于下一步工作的开展，同时，在与领导接触过程中，也有利于加强双方的关系。

笔者曾经看到一篇文章，大意是，"一个人当前状态的好坏，通常由他 5 年前的选择所决定，如果想要自己 5 年后的状态很好，那么现在就要开始筹备了，千万别想着去干什么大事，先想想如何做好一件件小事"。如何做好一件小事呢？其中第一条就是每天写总结日记，这个总结日记与日 / 周报有异曲同工之处，所以，可以想象，在工作中坚持写日报和周报也有同样的效果。

日 / 周汇报是以每日 / 周为周期的一种工作汇报方式，一般是指，汇报者通过企业微信、邮件、钉钉、文档共享等方式直接发送给直接领导。由于这种方式周期较短，其间产生的工作量非常少，因此，撰写时不必面面俱到，重点突出工作结果，即让领导明确地知道你这天 / 周完成了哪些工作，未完成哪些工作。

大多数企业都有固定的日 / 周报写作模板，包括标题格式、撰写内容，都有明确的规定。如果没有固定模板可以按照如图 6-17 所示的来写，一份完整的日 / 周报包括 4 个部分，其中"已完成事项"是重点，需要详细撰写。

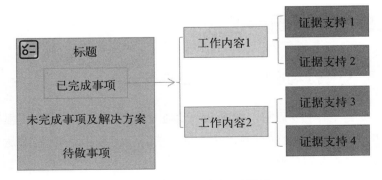

图 6-17　日 / 周报撰写模板

（1）标题

日 / 周报的"标题"常规写法是直接写"××日 / 周报"，另起一行写第 × 期。但这种情况多适用于工作氛围比较严肃的传统企业，如行政机关、工厂等。如果公司氛围比较欢快、活泼，那么在写标题时，可以根据具体情况增加一些特色，标题中可以提出新奇的主张，表现与众不同。

（2）已完成事项

"已完成事项"包括两部分：第一部分是所有完成的事项及证据，在撰写时需要一一列出；第二部分是已完成工作量占总工作量的比例及所花费的时间，一般从完成度和时间花费两个维度来写。

完成度一般用于执行岗位，有利于领导更直观地看到已完成的工作量；时间花费一般用于管理岗位，有利于领导看到在这份工作中投入的时间。但这并不意味着每一个岗位只用一个维度，两者要同时体现，只不过侧重点不一样。

比如，管理岗位的时间比较碎片化，很难界定一个工作的完成度是多少。但通过时间分配呈现，可以很清晰地知道它的时间分配比例。

⊙ 案例 11

如表 6-6 所列的例子就是按照这两个维度分析的，社群创始人是一个管理岗，但也会做一些执行层面的事情，所以周报也会从完成度和时间花费两个维度去呈现。

表 6-6　周报完成事项撰写示例

本周完成事项
（1）满班率问题：理财体验课和理财咨询师课程的满班率问题（10% 的时间） ① 理财体验课未完成预期，缺口 ×× 人 ② 理财咨询师课程完成预期，报名人数 ×× 人、流水 ×××× 元 （2）深海计划（20% 的时间） 每天通过例会去跟进新媒体运营和社群运营的工作并进行反馈 ① 当前进展 • 当前新媒体运营 A 基本上能够回答曝光量、增粉量的问题并做出相应的判断 • 社群运营 B 基本上能够回答作业提交率的相关问题，并做出相应的判断 ② 当前问题 • 数据对得不够准确 • 社群运营在驱动满班的事情上是被动的：当前影响满班的因素除了预购、尾款支付和自然推广转化外，其他手段不受社群运营控制。 • 社群运营新的工作流程尚未完全确立。
（3）学习辅导（30% 的时间） ① 本周做了与人力相关的沟通 ② 针对新媒体运营 A、社群运营 B、课程老师 C 的辅导和反馈：包括社群运营配置问题，具体课程内容的颗粒度等
（4）沟通协调（20% 的时间） ① 与营销部门沟通：关于是否要阶梯定价 ② 用户复购率：简单关注 ③ 新课程：确定协议，推进签约 ④ 发票引起的退款事情等 （5）其他（20% 的时间）

（3）未完成事项及解决方案

未完成事项是对已完成事项的查漏补缺，相当于一个小的总结和补充，当把一天 / 周的事项梳理出来后，将完成事项划掉，剩下的就是未完成事项。同时，未完成事项也是明天 / 下周待做事项的一部分。

对于未完成事项需要制订详细的解决方案，在列出解决方案之前需要有个周全的思考，先分析，再拆解，在拆解过程中多用发散思维，去想一些与问题相关的，然后在明天 / 下周真正做的时候再进行验证。

⊙ 案例 12

接下来，仍以表 6-6 中第一个问题"满班率问题""深海计划"为例进行分析。

在"满班率问题"中，未完成事项是"理财体验课未完成预期，缺口 ×× 人"。针对该问题的解决方案是对本次活动进行复盘，重新分析数据，做用户调研，看看缺口到底在什么地方，最大原因是课程久未迭代造成的。

（1）"深海计划"未完成事项包括三项：

① 数据对得不够准确；

② 社群运营驱动性弱；

③ 社群运营新的工作流程尚未确定。

（2）解决方案是

① 针对数据对得不够准确，协同第三方服务商，探讨一下问题出在什么地方，再走一遍数据分析流程；

② 针对社群运营驱动性弱，将会多花点时间在部门协调上，尝试增强社群运营的驱动力；

③ 针对社群运营工作新流程，对社群运营小组协作进行迭代，确定更加"敏捷"的工作方式、团队协作方式。

(4) 待做事项

"待做事项"除了本日 / 周未完成事项外，还包括昨天 / 上周未完成事项，不过，这一部分不是一定要列入汇报之中，而是视情况而定。

以周报为例，上周未完成事项可以细分出多种，如阶段性完成的事项，难以继续完成的事项，未完成但是有方法可以解决的事项。其中只写第三种，前两种无须加入，无论是阶段性，还是难以继续完成的，很多事项可能进行一段时间，就会因为各种原因停止，及时止损才是最明智的做法，所以这些事项也不需要在报告中呈现。

"待做事项"内容很多，除了以上 2 类，如图 6-18 所示的 4 类事项也可以加入日 / 周报中。

 1.临时加入的，需要明日/下周完成的事项

 2.通过工作或学习实践进一步发现的新问题

 3.已制订好的月度计划、季度计划、年度计划

 4.明日/下周关注最多的事项

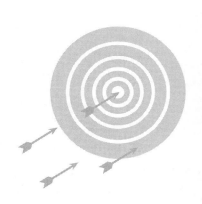

图 6-18　周报"待做事项"撰写内容

6.5.2 〉 月报写作：监控目标预期

月度工作汇报的权重是最小的，因为前有日/周汇报，后有季度、年度汇报，如果日/周汇报做得非常好、非常到位，月汇报就非常简单，就相当于对日/周汇报的汇总；如果业务周期很长，是以年为单位的，就直接不做月汇报，季度、年度汇报完全可以说明问题。

由此可见，月工作汇报核心就是做总结、做计划。

一是总结上月的工作。

即上月制订的计划是否完成，完成到什么程度；分析其中的原因，做得好是因为什么；做得不好是遇到了哪些问题，这些问题是自身能解决的问题还是需要组织帮助解决的问题；如果需要帮助，那是希望得到什么样的帮助；得到了哪些经验和教训，哪些经验对未来工作有指导意义，哪些教训能引起深思。

二是制订下月的计划。

即对下月工作进行安排，做计划切忌面面俱到，把各项琐事都罗列出来；要找出重点工作进行具体安排，以时间为主线，有条理地罗列出来，对工作计划要有目标，并且要把目标量化，特别强调达成目标的关键动作是什么。

三是组织形式规范化。

月底汇报时，要建立规范化的秩序，要提前确定汇报时间，最好是形成惯例，固定好每月汇报的时间和时长，是一天还是两天，以便领导安排自己的工作时间

统一形象，使员工有强烈的仪式感；强调纪律，禁止员工缺席、迟到早退、会议中途接打电话；会议的主题和流程也要提前确定，同时也要规划好每一位员工汇报的时长并提前通知员工，以免

准备不足或发言过长打乱会议进程；同时管理者要提前对员工汇报的工作进行审核，提前了解员工汇报的内容，以便更好地控制会议的节奏。

那么，对于下属而言，如何撰写月工作报告呢？以下是一些通用技巧。

（1）明确汇报的目的和受众

在撰写汇报前，要明确汇报的目的和受众，这有助于您选择恰当的语言和内容，以确保您的汇报能够清晰地传达给受众。

（2）简明扼要

汇报应该尽可能简明扼要、突出重点，避免写过多细节和废话，只需提供最关键的信息即可。

（3）使用数字和数据

使用数字和数据可以让您的汇报更有说服力，这些数字和数据应该与您的工作任务相关，并且在汇报中应该有清晰的解释。

（4）强调成就和进展

在汇报中，强调您已经实现的成就和进展，这有助于您向上级领导和同事展示您的价值和贡献。

（5）避免负面情绪

在汇报中，避免表达负面情绪或批评他人，相反，要专注于解决问题并提出建设性的意见。

（6）结束时提出建议

在汇报结束时，提出一些建议和改进措施，这有助于您向上级领导和同事展示您对工作的深入理解和思考。

　　以上技巧可以帮助下属写出清晰、简洁、有说服力的月工作汇报。关于月工作汇报的模板，可以参考上节讲到的日 / 周报模板。

6.5.3　季报写作：针对问题，系统复盘

　　季度汇报的撰写需要以日 / 周、月工作汇报为基础，但绝对不是简单的叠加，较之日 / 周、月工作汇报更复杂。因为季度汇报跨度大、涉及的工种多且数量大，不但要聚焦重点任务，还要区分出弱化任务，对于不继续支持的任务，还要做出有理有据的判断和处理。

　　这一系列操作，不仅要花费大量时间、精力收集数据，还要系统复盘，进行多次讨论，以数字和逻辑为工具，层层分解问题，并能快速找出解决方案。

　　那么，如何才能写好季度汇报呢？重点做好以下几个方面。

　　（1）转变解决问题的思维

　　大多数下属在面对问题时，第一反应是以自己的直觉、感知或以往经验判断事件，然后快速地去解决问题。一般情况下，这是一种本能选择，虽然有时候也能解决问题，但治标不治本。作为优秀的下属在面对问题时，应该采用结构化战略思维，这是一种深度解决问题的思维方式。

　　这种方式的精髓在于，能让下属面对问题时首先不是急于找方法，而是想清楚、说明白、做到位，找到问题的本质。

　　比如，我们感到眼睛不舒服，那么去医院肯定会挂眼科，眼科医生会根据眼部的情况给予不同解决药方。而从中医理论看，人的

五脏关联着五官，肝开窍于目，眼睛不舒服，首先要考虑会不会是肝有病变，医生会让病患先做肝部检查。同样是解决眼部问题，却有两种截然不同的做法，结构化战略思维就同我们的中医一样，要求找到问题的本质，抓住问题的根源。

所以，在撰写季度工作汇报报告时，也要学会转换思维，先找问题的本质，再提出解决方法。

（2）对项目的优先级做出判断

撰写季度工作汇报报告，常规做法是将所有汇报内容按照项目名称、类型、投入、潜在收入、重要级别等，分门别类地标注在表格中。当表格无法承载所有内容时，还需要烦琐的备注说明。

这样做，不但显得混乱而没有章法，而且汇报低效、用时长，且很难出结果。如果想要汇报有重点、用时短、高效率，且能快速地探讨出结果，就需要用到一种结构化切割法，因为每一项内容并不是同样重要，好比我们做事有轻重缓急之分，有些是重要的核心业务，有些是为公司未来布局的，现阶段可能要赔钱，但不得不做的，还有跟不上时代老化的，可以考虑舍弃的项目等。这种方法就是对项目优先级做出判断，并达成一致。那么，如何判断项目的优先级呢？

结构化切割法中的"切"是拆分的通俗叫法，意思是指由上而下分析问题时，把问题逐层分解成更细节的部分。这种方法按照执行难度和战略重要性两个维度将问题分为 4 类，对于这 4 类问题，处理结构也不同，具体如图 6-19 所示。

横坐标表示战略重要性，箭头越向右表示越重要，纵坐标代表执行难度，箭头越向上表示难度越高。在两条线的中部画条分割线，这样就出现了 4 个小区域，又称现象。

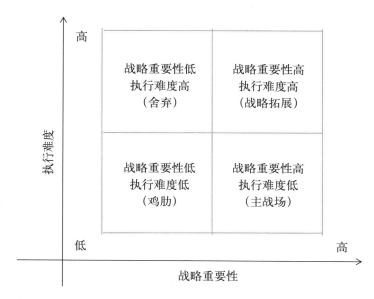

图 6-19　结构化切割法

每个现象都是两个核心维度不同值域的组合，用来归纳项目特色，分别把它们称为鸡肋、主战场、战略拓展，而战略重要性低、执行难度高的就可以直接放弃。其实，在实际运用中，还需要做得更细致。比如，加上项目的潜在净利部分，以形成多维度图谱，具体如图 6-20 所示。

从图 6-20 中可以看出，项目 A 和 B 是必须做的，项目 D 是不需要的，项目 C 需要重点讨论，根据实际情况再定。经过这样切分，多维图谱分析的优势就显露出来了，项目的优劣势一目了然，可以充分显示思考的深度和专业性，比填表格的单维度要清晰明了。结构化战略思维不仅让汇报者在系统复盘时面对问题，想得更清楚、说得更明白，还可不断提升思考问题的思维能力，轻松做出理性决策，获得确定的成果。

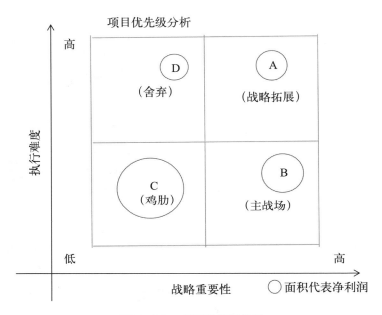

图 6-20　项目优先级分析

6.5.4 〉 年报写作：全面总结，总体规划

年度工作总结报告是一项重要的工作，是对整个公司一年来的工作全面而准确的总结，集中反映各部门、重要项目和团队的经营业绩、战略规划和财务状况等，各个企业都很重视。每到年底，无论什么类型或性质的企业都纷纷开始给下面下达年度工作总结报告任务。总部下达给各部门经理，部门经理下达给小组负责人，小组负责人下达给每位员工，总之，层层下达，全员动起来。

年度工作总结报告，与前面几个周期的工作汇报总结相比，难度都要大，用时长，涉及面广。在实战中更讲究策略性和技巧性，那么，具体应该如何做呢？可以按照如图 6-21 所示的步骤去做。

梳理全年的工作

明确撰写思路

分析撰写结构

选择撰写角度

图6-21　年度工作总结报告撰写步骤

（1）梳理全年的工作

对全年的工作进行梳理是做年度工作总结报告的基础，这个过程可以有助于回顾过去一年的工作，总结经验教训，发现问题和不足之处，并制订下一年工作计划。

然而，需要注意的是，对工作的梳理是十分讲究方法的，全年的工作错综复杂，只有方法用对了，才能达到事半功倍的效果。

① 四字梳理法。

梳理工作需要掌握四个字，即"纵""横""大""新"，又叫四字梳理法。四字代表的含义如图 6-22 所示。

其中，"纵""横"是基础梳理，"大""新"是上层梳理，要写进总结报告的主要是大事和富有创新点的事。

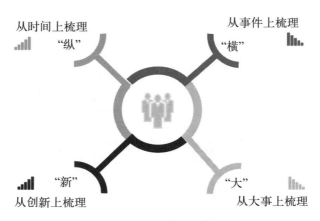

从时间上梳理
"纵"

从事件上梳理
"横"

"新"
从创新上梳理

"大"
从大事上梳理

图 6-22　四字梳理法的含义

② 问题梳理法。

问题梳理法是以工作中已解决的、尚未解决的问题类型为主线进行梳理的一种方法。比如，今年参与了哪些项目？今年完成了哪些课题？今年组织了哪些活动？取得了怎样的业绩？

在运用这种方法时，平时最好养成做工作笔记的习惯，尽量将每项工作的完成情况用数字表达出来。如果平时做得很完善，年底写总结会更省事。

③ 维度梳理法。

维度梳理法是指按照工作内容、工作方法、资源整合、团队协作、人际关系等维度进行梳理的一种方法，具体如表 6-7 所列。

表 6-7　维度梳理法包含的内容

维度	具体内容
工作内容	做了什么？哪些是琐事？哪些是里程碑事件？里程碑事件要重点描述
工作方法	通过怎样的方法提升了工作效率？

续表

维度	具体内容
特殊技能	是否有意识地提升自己？（不一定是为了工作，更是为了更全面的自己）
资源整合	实现了哪些跨部门、跨公司资源的协同？
人际关系	认识了哪些有意思、有能量的人？
团队协作	在事件中扮演的是什么角色？管理层还是参与者？提供了怎样的贡献？
不足之处	针对以上，有哪些不足？去进行对标，找到解决方案

（2）明确撰写思路

一份好的年终工作总结报告至少包含 3 个层次的内容，分别是：

① 概括性层次。这个层次主要是对过去一年的工作进行总体概括和简要说明。可以从工作目标、工作内容、工作成果等方面进行概述，突出工作的重点和亮点。

② 分类层次。这个层次主要是对过去一年的工作进行分类和归纳。可以按照工作类型、工作阶段、工作对象等方面进行分类，以便更好地展示工作的完整性和系统性。

③ 具体层次。这个层次主要是对过去一年的工作进行具体描述和分析。可以从工作计划、工作过程、工作结果等方面进行详尽的说明，提供具体的数据和案例，分析工作中存在的问题和不足，并提出改进措施和建议。

通过这 3 个层次的分析和描述，可以让受众更全面、深入地了解工作情况，同时也能够更清晰地认识到工作贡献和成长空间，为下一年度工作提供有益的参考和借鉴。

(3) 分析撰写结构

结构即具体采用哪种框架，一份好的年终工作总结报告必须具备清晰明了的结构。传统结构由封面、目录、绪论、正文、结论、参考文献和附录等构成。但在实际工作中，并不需要每个部分都严格按照规范去写，尤其是中层、基层人员的报告，自由度很高，形式也更灵活。

常用的有如图 6-23 所示的 4 种结构。

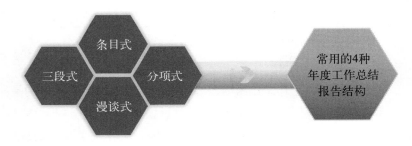

图 6-23　常用的 4 种年度工作总结报告结构

① 条目式。

把材料的要点概括出来，按照 1、2、3 的次序，一项项写下去。这种框架条理清楚，缺点是紧凑性、逻辑性差一些。

② 三段式。

三段式顾名思义是将材料分为 3 个部分进行分析，一般是按照事物发展的一般逻辑或人认识事物的习惯来分析依据。一般为：

首先：概括性总结，表明基本观点，交代清楚基本属实。

其次：叙述事情经过，同时配合论点，进行初步分析。

最后：总结结论，包括有利的经验和存在的问题。

③ 分项式。

分项式可以看作是条目式和三段式的结合，适用于涉及面广、内容复杂的总结。具体是先对材料进行概括分项，一类一项写下去，然后对每项又按介绍基本情况、叙述事情经过、归纳经验和问题的顺序写下来。

这种方式与条目式不同的是，各个条目间的逻辑性更强，层次感更鲜明；与三段式不同的是，它是每段的更细化阐述，必要时候可以分化为四段或五段。

④ 漫谈式。

是一种非正式的、自由发挥度比较大的谈话式汇报，如同接受采访、参加座谈会时，向别人介绍自己的工作经验一般，重在把自己的实践、认识、体会慢慢叙述出来。这种方式多用于对自己亲身经历的事务的总结。

以上是一份常见的年终总结报告的结构，当然具体还要根据实际情况进行调整和改变。

（4）选择撰写角度

明确撰写角度即要知道从哪里着笔写起，撰写角度为整篇报告奠定了一个总基调，保证报告内容自始至终按照一条主线进行。比如，根据工作职能进行，根据解决问题采取的工作措施进行等。

① 根据工作职能进行。这是一种主要的总结角度，常用于年度工作报告，用于对工作进行综合总结。

② 根据解决问题采取的工作措施进行。主要用于对某方面的工作进行总结。

③ 根据工作特色进行。此种方法常用于专项工作的经验介绍，执笔人不仅需要充分掌握材料，而且还要能从大量的资料中挖掘出

闪光点。可以先从原始材料中提炼出特点，再围绕这些特点进行总结。

④ 根据"关键词"进行。各种重要会议往往会提出一些新的理念，出现一些热点词汇，合理利用这些热点词汇来总结工作，既可以体现时代气息，又可以提升文稿的高度。

⑤ 根据参与主体进行。当某方面工作或者某个重大项目完成后，一般都要召开会议，总结工作，表彰先进。这种场合的总结部分，往往围绕参与该工作的各主体来构思。

⑥ 根据解决的问题进行。在总结工作时，针对解决的问题来归纳，往往也会取得很好的效果。用这种角度来总结工作，直接鲜明，能给人留下较深的印象。

最后，再具体阐述一下年度工作总结报告的撰写技巧，这些技巧可以让报告内容更丰富，针对性、说服力、可读性更强，为领导提供一份清晰、简洁、有说服力的年度工作总结报告。这些技巧具体如表6-8所列。

表6-8　年度工作总结报告撰写技巧

维度	具体内容
介绍公司概况	介绍公司的概况，包括公司的历史、业务范围、组织架构等基本信息
详细阐述业绩	重点是公司的业绩。需要详细阐述公司的财务状况、收入、利润、资产、负债等情况，并对比上一年度进行分析和解释
强调成就和进展	强调公司已经实现的成就和进展。这有助于向投资者、股东和其他利益相关方展示公司的价值和贡献
提出未来规划	提出公司未来的规划和策略。这有助于向投资者、股东和其他利益相关方展示公司的发展方向和战略

维度	具体内容
使用图表和数据	使用图表和数据可以让报告更有说服力。这些图表、数据应该与公司业务相关，并且在报告中应该有清晰的解释
避免负面情绪	避免表达负面情绪或批评他人。相反，要专注于解决问题并提出建设性的意见

6.6 工作汇报的注意事项

6.6.1 把握汇报时间

工作汇报是一门艺术，这种艺术性其中一种体现就是在汇报时间选择上。向领导汇报工作一定要看准时机，只有在最合适的时间，才能取得最佳效果。在具体做法上，要结合所汇报工作的性质进行，比如，重要工作、紧急工作、一般性工作等。

不同性质工作汇报时间具体如图 6-24 所示。

图 6-24　不同性质工作汇报时间

(1) 重要工作：提前预约时间汇报

重要的工作需要有充裕的时间来汇报，同时，需要领导静下心来，不被其他工作打扰，以认真讨论研究。所以，下属在向领导汇报重要工作时必须提前预约，并简要地说明要汇报的基本情况，让领导有充分准备。

(2) 紧急工作：上班十分钟后汇报

紧急工作需要第一时间向领导汇报，以便及时地进行处理，一般选择上班后的十分钟左右。这时，领导准备工作就绪，精神状态最好，也可以避免领导有其他事情，而吃闭门羹。

(3) 一般性工作：周二、周三、周四汇报

一般性工作通常为日常事务性工作，这种工作的汇报时间通常要避开每周一和周五。周一，领导的工作事务较多，很多紧要事务需要处理。到了周五，因为双休假期临近，或多或少会影响到人的工作状态。所以，不是特别重要、非紧急处理不可的汇报事项，最好不要选择在这两个时间段进行汇报。

(4) 请示性汇报：因领导时间而异

人在情绪不稳定的情况下，很容易做出错误的决定。领导也是人，也会受情绪干扰，这就是很多员工喜欢选择在领导心情好时汇报工作的原因。带有请示性质的汇报，更要看准领导的心情状况，以求请示事项得到满意回复。

以上 4 种汇报时间是理论上的一个分类，但在具体实践中并不一定要严格遵守，因为很多工作并不可能分得那么清。这就需要兼顾领导的实际情况，比如，领导的个人性格、管理风格、对下属的

具体要求等。

　　一方面，每个领导的工作、作息规律不同，对下属的汇报时间要求也不同。另一方面，领导喜欢下属汇报的形式不同，有的喜欢口头汇报，有的喜欢书面汇报，有的喜欢电子邮件汇报。总之，领导喜欢的时机才是最佳时机，作为下属就要善于观察和摸索。

6.6.2 ＞ 主动主动再主动

　　有很多下属在汇报工作时显得非常被动，主要表现为，不知道该不该向领导汇报，何时汇报。

⊙ 案例 13

　　A 外出一天去办领导特意交代的一件事，很快就做完了，他本以为是一件小事，办完他就回家了。没想到，领导晚上打电话问他，办理得怎么样？他说下午 5 点就办完了。领导生气地训了他一顿：那你怎么不早说，害得我夜里睡不着觉。

　　原来，下属以为的小事，在领导眼里有可能是很重要的事情。因此，做完领导交办的工作，一定要第一时间汇报，重要的事情当面汇报，常规性的工作做完之后，随手给领导发一条短信：此项工作已完成。别轻视这条小小的信息，可以起到四两拨千斤的作用，让领导放心，做到心中有数，事事有落实、件件有回音。

　　因此，向领导主动汇报非常重要，那么，具体应该在什么情境下汇报呢？如图 6-25 所示的 6 个情景一定不要忽略。

当做好工作计划时

当工作中遇到困难时

当工作取得阶段性成果时

当工作出现重大差错时

当需要做出超权限决策时

当工作全部完成后

图6-25　向领导主动汇报的情景

（1）当做好工作计划时

很多人对汇报工作的理解都是工作做到一定程度再去汇报，其实这是大错特错的想法。哪怕在工作真正开展之前，当我们做好了工作计划时，就要立刻去向领导汇报。

这样做有三个好处：第一，可以让领导帮忙把把关，以防出现一些低级的失误或者忽略了某些细节；第二，表现出了对领导的尊重和重视；第三，让领导来拍板，可以分担一定的风险。

（2）当工作中遇到困难时

明天和意外，谁也不知道哪个先到来。职场中也是一样。作为下属在工作中肯定会遇到诸多困难或者意外，如果自己能解决，那堪称完美。但是如果自己无法及时解决，那就一定要向领导汇报，寻求支援。

领导的经验和见识绝对是远高于你的，对你来说是困难或者难题，对领导来说也许只是一件小事。因此，当在工作中遇到困难时，主动汇报可以少走很多弯路，不仅节省了时间，还能更好地完成工作。

（3）当工作取得阶段性成果时

当在工作中取得阶段性成果时，一定要及时向领导汇报。这样一来，既能让领导掌控你的工作进度，又能让领导了解到能力和贡献。不要觉得这样有炫耀邀功之嫌而不去做，职场中的我们一定要学会表现自己——如果你有了成绩都不去展示，那么，领导又怎么知道你的能力？

（4）当工作出现重大差错时

没人敢保证自己不会犯错，大家都不是圣人。

职场中，很多人一出错就喜欢藏着掖着，生怕被别人发现。

也许你一开始只是个小错误，觉得没什么。但是，如果你隐瞒不报，或者不去解决，长期发展下去就会变成巨大的问题，很可能会造成公司的损失以及项目的崩坏，你担当得起这个责任吗？

工作中如果出错，第一反应是想办法解决，如果实在解决不了，一定要向领导汇报。他可能会发火或者训斥你，但他肯定会想办法帮你纠正这个错误，这样才能避免你错上加错，以免酿成难以承受的后果。

（5）当需要做出超权限决策时

一般而言，需要做出明确决策，而这个决策又超出自己的权限时，就需要向领导汇报。哪怕自己非常了解领导，心里很清楚领导会在此时做什么样的决策，也不能代替领导去做这个决策。这是越权，这是职场中的大不敬，没有哪个领导会喜欢这样的下属。另外，万一这个决策错了，岂不是作茧自缚？

（6）当工作全部完成后

职场中，每件工作都要做到事事有着落，件件有回音。作为下属，当完成工作后，要第一时间去向领导汇报，一方面是交代工作的完成情况，另一方面这也是在竞争激烈的职场中站稳脚跟的需要。

换句话说，就是主动去"邀功"，要让领导看到自己的成绩，因为在现代社会，你若没有些锋芒，很容易被他人超越。只有时不时向领导展示自己最好的一面，才能给领导留下更深刻的好印象，未来有更大机会时被领导想起。

6.6.3 > 如何向领导汇报坏消息

向领导汇报坏消息，很多人首选做法是拖延，拖得越久越好，似乎拖着问题就会随之消失似的。真相是问题越拖越大，工作中如果有"坏消息"或者问题出现，最忌讳的就是拖延，相反应该及时向领导汇报。

当然，哪个领导也不想听坏消息，这就要求下属在汇报"坏消息"时要讲究方式方法，这些技巧通常包括 3 个。

（1）要提前汇报

当工作中出现问题时，我们不但不能拖延，反而还应该提前去做汇报，千万不能让领导成为最后知道这个坏消息的人。

当我们提前告知领导可能会出现问题时，领导才能有时间和精力去帮我们做预案，才更有可能协调和解决这个问题，从而避免最坏情况的发生。

比如，手头上有一个工作，要求的截止时间是下午 3 点，但我们发现自己无法及时完成，那我们就要提前去向领导汇报这个"坏消息"。这时候，领导就可以有多种解决方法出来——给我们加派人手或者调整一下截止时间等。但是，如果我们一直等到 3 点的时候才去告诉领导工作任务无法完成，领导就算是再有能力也无回天之力。

工作中，如果有坏消息或者问题出现，最好是提前汇报，这样领导才有可能解决这个问题，不至于造成难以估量的损失。

（2）给出解决方案

汇报坏消息时不能只是汇报问题，同时还要给出预案，最好是 3 个，可供领导选择。这样做有如表 6-9 所列的 3 大好处。

表 6-9　给出解决方案的好处

好处	具体内容
表明工作态度	带着解决方案来，不管这些方案能否解决问题，至少表明在积极思考这个问题
节省领导的思考时间	对于方案一定提供多个，以便领导进行选择，哪怕方案不是很完美，但至少不用从头思考，大大节省领导的思考时间
是负责任的表现	解决方案表明自己没有放弃或逃避问题，至少是有责任心的，对于这种下属，大部分领导是非常欣赏的

（3）重视汇报时间

汇报工作，尤其是汇报坏消息或问题时，一定要找合适的时间，千万不要在领导心情不好或者特别忙的时候去汇报。

　　试想一下，如果领导本身就不高兴或者状态不好，他怎么可能有心情去听你汇报工作。这种时候，你如果再去告诉他坏消息，岂不是火上浇油？

　　职场中，千万不要在不合适的时间去汇报工作，至少应该选个领导心情比较好的时间点，这样领导才不会那么生气，才更有精力去接受这个坏消息，并想办法帮你解决这个问题。

第 7 章

自我赋能：争取与领导平等对话的机会

传统上下级关系中，领导是给下属施加影响力的人，下属只是任务的执行者。事实上，领导也时常被下属影响。作为新时代的员工，不要局限于传统上下级这样固定的角色中，每个人都要自我赋能，努力成为改变领导、影响领导决策的人。

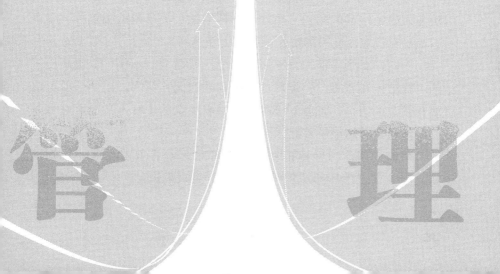

7.1 下属自我赋能，是向上管理的前提

阿里巴巴执行副总裁曾鸣曾在自己的书中提到："未来组织最重要的职能是赋能，而不再是管理或激励。""赋能"这个词由此进入国内大众的视野。一时间打造赋能型组织，要培养赋能型人才的说法开始流行。

那么，到底什么是赋能呢？专业解释是：企业由上而下地释放权力，尤其是员工们自主工作的权力，从而通过去中心化的方式驱动企业组织扁平化，最大限度发挥个人才智和潜能。通俗点讲，即赋予他人以知识、经验和能量，然而，赋能他人之前应该先自我赋能，自我赋能应该在赋能他人之前，试想，自己没有足够的"能"如何来赋予他人？

从管理的角度看，下属进行自我赋能，也是向上管理领导的必要前提。

对下属而言，当自我赋能后，可以增强自信心，在工作中扮演更为积极、主动的角色，更好地发挥潜能，提高质量和效率。还可以提高自己在团队中的协作能力和工作热情。

同时，对领导而言，下属如果能自我赋能，不仅可以提高员工的工作效率和贡献，还能释放出他们的时间和精力，以便处理更重要和紧急的事务，加强对领导工作或者决策的理解，从而更好地与领导沟通，理解组织目标。

总结来说，自我赋能在向上管理中起着重要的作用，作为下属，应该充分意识到，否则就会距领导越来越远。

7.2 自我赋能，先从"改变自我"做起

自我赋能的前提是改变自我。这是一种由自己主导的，通过不断充电，不断升维，实现自驱式成长，思想层面上的一种改变。主动改变自我，是自我赋能的本质，因为自我赋能就是为了成就更好的自己，让自己每时每刻都保持满电量运行。

自我赋能过程中，充满诸多不确定性、困难和挑战，每前进一步都会耗费很多储能。如果不加以提升，就会处于"低电量运行"状态，陷入各种内卷化的陷阱而难以自拔。

那么，作为下属，如何改变自我呢？可以从 3 种做法入手，而且 3 种做法之间的关系是层层递进的，具体如图 7-1 所示。

图 7-1 改变自我的 3 种做法

7.2.1 〉 自我意识苏醒

自我意识，是一个人对自己各种身心状态的认识、体验和愿望。这种意识体现在工作中就是自己对工作有什么认识、工作中的表现怎么样，以及自我评价、自我反馈等。比如，很多人常常感到自己工作很尽心、很努力，也竭尽全力想把工作做好。然而，总是事与愿违，甚至越尽力漏洞越多，越努力越做不好。

其实，这种情况与自我意识不强有关。一个人，在做一件事情之前，如果不清楚自己为什么而做，也不知道最终目的是什么，那么，原始的本能就会控制理智的意识，失去追求更高、更好结果的意识。

人脑像一个求知欲很强的学生，对经验有着超乎大家想象的反应。你让它忧虑，它就会越来越忧虑，如果你让它专注，它就会越来越专注。越来越多的科学研究表明，通过训练大脑能增强积极的自我意识。

提升积极自我意识可以从如图 7-2 所示的 3 个方面做起。

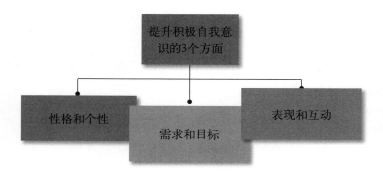

图 7-2　提升积极自我意识的 3 个方面

（1）性格和个性

性格对工作影响非常深，但一个人性格是很难改变的，所以，这里我们主要谈谈个性。个性是以性格为基础形成的，在生活、实践活动中经常表现出来的、带有一定倾向性的个体心理特征的总和，是一个人精神面貌和心理特征的体现。

个性相对于性格，是比较容易改变的，会因人的思想、态度、行为、习惯的变化而变化。心理学上把它描述为个人思维模式、感觉模式和行为模式的不同。了解自己的个性，有助于理解自己的思维、感觉和行为模式，明确自己最擅长做哪些事情。

比如，有的人非常介意别人的批评，而有的人却表现得很平和，对别人的批评不会有太大的情绪反应。再比如，有的人倾向于做运营或项目管理等宏观工作，而像处理表格、文件等过于偏重细节的工作，却效率很低，疲惫不堪，其实，这都是个性的不同。

那么，如何精准地了解自己的个性呢？通过专业测评，常用的测评工具有迈尔斯 - 布里格斯类型指标、霍根性格调查问卷以及大五人格量表等。可以对照这些工具所得出的评估报告来更好地了解自己。

（2）需求和目标

需求和目标是自我意识的另一个组成部分，也就是说，要时刻明确工作的需求是什么，要达到什么目标。

比如，"为什么工作"这个问题，很多人会说赚钱养家。然而，如果仔细想想就会发现，工作除了获取薪资外，还会带来很多好处，比如，良好的人际关系、乐趣、社会地位以及成就感等。

这就是你对工作的需求和目标不明确，人际关系、乐趣、地位等这些薪资以外的需求恰恰是一个人工作的内部动机。然而，很多人往往会忽略这些，也正因为此，渐渐地失去了工作斗志。

那么，如何判断当前的工作状态是否符合自己的需求和目标呢？这里有一个收获 - 付出平衡法，具体分三步走，如图 7-3 所示。

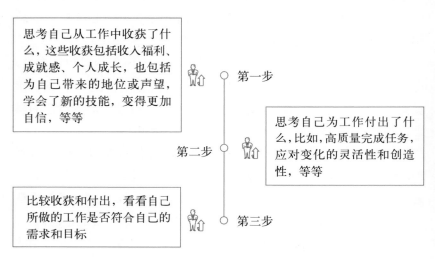

思考自己从工作中收获了什么，这些收获包括收入福利、成就感、个人成长，也包括为自己带来的地位或声望，学会了新的技能，变得更加自信，等等 第一步

思考自己为工作付出了什么，比如，高质量完成任务，应对变化的灵活性和创造性，等等 第二步

比较收获和付出，看看自己所做的工作是否符合自己的需求和目标 第三步

图 7-3 收获 - 付出平衡法的步骤

通过对比，如果发现自己的这份工作收获远远大于付出，那么它可能就是一份比较理想的工作。如果收获和付出几乎是平衡的，那么在现阶段，你可能只是把这份工作当作权宜之计。

（3）表现和互动

表现和互动是自我意识的第三个不可缺少的组成部分。一个人在工作中所表现出来的行为，就像冰山的顶端，而这些行为背后的价值观、过去的经历和情绪等，都隐藏在水面之下。

作为下属，如果能意识到自己在工作中的行为举止，那么就可以更好地理解自己的情绪和感受。

⊙ 案例 1

某下属，急匆匆地打印一份文件，当天时间很紧张，所以他一早就赶到了打印店等待开门。结果，打印店的经理迟到了十分钟。不仅如此，在开始打印的时候，打印机还发生了故障。于是，他不得不把文件用电子邮件发送给打印店经理，然而，店老板显得极不情愿。不难想象，在这个过程中，他渐渐变得很不耐烦，并产生了很多消极情绪，影响到了打印店老板的行为。

回到家后，他突然意识到，如果他当时能够注意到自己的肢体语言，比如紧张的姿势、板着脸，或者是能注意到自己的声音开始变得生硬和短促，那么就能及时调整自己的心态。

7.2.2 进行自我塑造

人的一生一直在变，要想不断自我成长，必须持续自我赋能。而在自我赋能的过程中，其中最关键的一步是自我塑造，有自己塑造自己的，也有被他人、被环境塑造的。在职场中，作为下属要有意识地去进行自我塑造，自我塑造有一个过程，具体如图 7-4 所示。

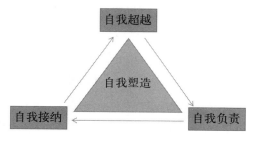

图 7-4　自我塑造的过程

（1）自我超越

自我塑造第一步是自我超越，也就是说，要善于打破自己以往的那个不理想的状态，做出一个超越以往的行为。然而，自我超越往往是很难的，因为这里面总有很多事情，是自己不喜欢、不情愿做或不擅长做的。

这个时候，就需要自己克服自己的心魔，敢于挑战自己。自我超越，不能看是自己喜欢不喜欢、情愿不情愿、擅长不擅长，更多的是由内心强大的意志力驱使，告诉我们自己必须去做。面对一件超出自己能力范畴的事，往往不是做不到，而是不想超越自己，因为超越是痛苦的，而且会伴随着意想不到的失败，可能还不止一次。

精彩是因为背后有蜕变，如果你从不想着让自己不舒服，不逼自己去做些新的尝试的话，可能就不会受伤，但也会因此没有进步，甚至退步。

（2）自我负责

自我负责的概念大家比较熟悉，当试着自我超越之后，就要对结果负责，无论成功无论失败。对结果负责，最终就是对自己负责。就像在工作中，无论做什么，表面上看是对客户负责，对团队负责，对领导负责，其实最终还是对自己负责。

只有意识到自己的所作所为是对自己负责，才能更好地对他人负责。也只有当我们真正对自己负责时，才能更好地对他人负责，这意味着我们时时刻刻需要对自己的行为和决策负责，同时要承担自己所做一切的后果。

当对自己负责时，会更加谨慎地考虑我们的行为和决策如何影响他人，会更加注重对他人的尊重，遵守职业道德和社会规范，会更加关心团队成员之间的互动和沟通，以及彼此之间的建设性合作。在帮助他人解决问题时，也更加有控制力，保证自己和他人都不会处于不利的境地。

这种观点不仅适用于个人，也适用于组织和团队。作为下属，在推动领导更好地对自己负责的同时，也应该注意自己的行为和决策是否符合职业道德和社会规范。

（3）自我接纳

自我接纳的境界最高，很多人难以达到，武林高手不是随便就能修炼成的，自我接纳也不是轻易就能做到的。认清自己是个普通人，认清自己的不完美还不算难，无非是要多花一些时间。最难的是认清之后还要学会去接受，毕竟自我赋能就是要去挑战自己、超越自己，扩大自己的边界，让自己变得更强大。但是，这并不意味着就一定能真正接受所有挑战，完成所想完成的超越，扩大边界到无穷大。而是要放下不切实际的预期，并做到接纳这个看似弱小的自己。比如：自己很努力了，但还是没有进入更大的平台，业绩还是没达到预期，升职、加薪还是遥遥无期……或许这些是暂时的，也或许这些对于自己来说是真的难以突破。但自己经过万般努力、万种尝试，就可以接纳。不管怎么样，只要真正努力做过了，努力超越过自己了，哪怕只是一点点，就应该接纳这样的自己。

需要注意的是，假如没有努力去改变，那么，自我接纳就只是不负责任的自我原谅。原谅自己没有将自己塑造得更好。所以，内心务必要清楚地认识到，自己是努力了，还是没努力过。努力了，自我接纳后就会实现新一轮的自我超越，反之，不努力的话，你接纳的就不是一个真实的自己，更不会实现自我的超越。

7.2.3 实现自我对话的目的

自我赋能通过赋予自己自主决策和行动的权利，从而激发内在潜能，提高效率和生产力。而自我对话也是一个人的心理意识和行为，是指与自己内心进行沟通和交流的过程，这个过程能给自己积极的心理暗示，可以是明示的、有意识的，也可以是无意识的。它可以帮助我们自己控制情绪、解决问题、增强信心、提高自尊心，进而实现自我赋能的目标。

自我赋能和自我对话有着密切的关系。通过自我赋能，我们可以赋予自主决策和行动的权利，从而独立思考并积极应对挑战。在工作中的作用是，帮助我们澄清工作的目标和方向，更好地了解自己的优势和劣势，提高自信心和意志力。

总之，自我赋能和自我对话都是非常重要的心理和行为习惯，可以帮助我们更好地掌握自己的职业和生活，成为一个更积极、更自信和更有能力的个体。

其实，每个人无时无刻不在自我对话，只不过不会善于利用，如果学会观察和利用自我对话，则可以进行更积极的思考。

比如，当自己因工作量大无法完成而感到十分焦虑时，很可能心里正在嘀咕着"我怎么才能熬过今天呢？"但如果能够静下心来，让一种新的自我对话方式替代原有的，就会发现所谓的焦虑并不仅仅是因为工作量大，而是没有意识到量大的原因，也许是前期因为特殊原因导致积压，也可能是方法不对，抑或是被外界因素干扰，大大降低了工作效率。更重要的是，量大可以带来更可观的绩效。当你意识到这点的时候，就不再抱怨这一天简直是个灾难，而是告诉自己："虽然今天很可怕，但我干得不错"。

我们要时刻主动自我对话，养成自我对话的习惯。比如，可以在每天早上、中午和晚上都进行一段积极的自我对话，并且在一天结束的时候肯定自己，对自己说一句"做得好"。

7.3　自我赋能，核心是实现自我增值

7.3.1 〉价值决定话语权

在工作中，有三种人说话比较有分量。第一种是有权力的人，比如，公司高层，他们的话分量很重。第二种是有能力的人，不仅仅是专业能力，也包括在其他方面特别出众者，职场中有些人虽然没有太高的职位，但他的话语权很重，从领导到同事都认可他，觉得他靠谱。第三种是既有能力又有权力的人，比如初创科技公司的CTO（首席技术官）就是这种人的典型代表，他们能够完美地结合能力和权力这两种因素。

经总结，发现影响职场话语权的大致有两种因素。第一种是"权力"，第二种是"能力"，权力越大、能力越强，发出的声音就越大，能让别人听到的机会也越大，并且还能让别人都愿意听。

而在向上管理中，"能力"因素发挥着主体作用，"权力"因素的作用微乎其微，甚至没有。因为我们的管理对象是自己的领导，自己所处的位置决定了"权力"因素难有作为，能左右的只有"能力"因素，只要加强自我赋能，能力就会无限增长。

因此，作为下属，要想扩大话语权，那就要先进行自我赋能，把专业技能、人际关系能力等修炼到极致。到那时，即使你是一个

普通的小职员，但由于人际关系超级好，上到领导，下到平级同事、扫地的阿姨等都能搞定，并且他们都乐意和你交往，这个时候你的话就比较好使。再或者你就是技术大牛，离开了你项目就无法进行，这个时候就算最高领导也会听你的意见。

⊙ 案例 2

以前有一个同事，刚开始到公司时，同事排挤他，领导视而不见，有些时候，征询员工意见也常常把他视为空气。

这种情况下，很多人都会选择自动离职，但他没有，反而激起了一种想证明自己不会比任何人差的信心。接下来，他的做法也很可取，他没有盲目证明自己，因为他知道想要证明自己，必须凸显出自身的价值。

那么，怎样凸显自身的价值呢？这很重要，方法不对努力白费。他想了很久，决定先从最基础的学起，他以最快的速度了解公司业务的全流程，学习产品特征，并与优秀同事交流产品的目标受众有哪些，消费喜好是什么，等等。然后，找到领导毛遂自荐，诚恳地说明自己的意图。当时，领导还有些纠结，但在他软磨硬泡下，最后还是给了他一项销售任务，并要他立下军令状，完不成任务直接走人。

一个月后，他用实际行动证明了自己，不但完成了预定任务，还超额完成，让领导、同事都刮目相看。起初，笑话他的同事感到惭愧，领导对他也更加器重，有什么销售难题都会咨询他的意见。

这就是价值的力量，价值决定话语权。只有不断创造价值，才能有话语权，才有获得与领导平等对话的资本。职场中如果不能创造价值，如果无法拿出过硬的业绩，再努力也不会有什么大作为，与其各方面讨好领导，不如充实自己，提升自己的价值。

提升自我价值是自我赋能的核心，那么具体应该如何提升呢？主要有如图 7-5 所示的 3 种方式。

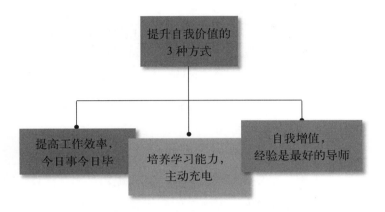

图 7-5　提升自我价值的 3 种方式

7.3.2 提高工作效率，今日事今日毕

今日事今日毕，是一种习惯，也是一种能力，有能力的人从来不拖延，也不会等到"有朝一日"再去行动。每天都有不同的工作，今天如果不完成，那明天又会累积得更多，久而久之就总也完成不了。

（1）制订日工作计划

保证"今日事今日毕"第一件事情是制订日工作计划，而且工作越忙越要制订计划。每天正式上班前，花 5~10 分钟梳理下全天的工作。计划到位，事半功倍；计划紊乱，手忙脚乱。

那么，如何制订日工作计划呢？一份详细的日工作计划包括 4 个部分，如图 7-6 所示。

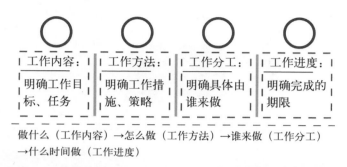

做什么（工作内容）→怎么做（工作方法）→谁来做（工作分工）
→什么时间做（工作进度）

图 7-6　日工作计划包括的 4 个部分

① 工作内容。工作内容具体是指工作目标和任务，即这一天要做什么。计划应明确列出一天内工作所要完成的目标、任务，以及要达到的要求，而且目标和任务要具体、明确。

② 工作方法。工作方法是指完成工作的策略和措施，即怎么做。包括达到既定目标要采取的手段，需要的资源和条件，会遇到哪些困难及如何排除这些困难，等等。总之，"怎么做"要明确具体、切实可行。

③ 工作分工。工作分工即明确事情具体由谁做，以责任到人。这是执行计划的工作程序和时间安排，通常是指有关单位和人员在一定时间内，一定条件下，如何分配工作，相应的工作又需要完成到什么程度，以便有条不紊地进行协调。

④ 工作进度。工作进度即工作完成的阶段性期限和最终完成期限。如果一天之内有多项工作任务，则要考虑工作的轻重缓急，先完成重要且紧迫的，然后完成不太重要、可以暂缓的。

在对工作的轻重缓急进行分析时，常采用四象限法。

四象限法是时间管理理论的一个重要方法，即有重点地把主要的精力和时间集中放在处理那些重要但不紧急的工作上，这样可以做到未雨绸缪、防患于未然。具体做法是根据工作的重要性、完成时间的紧迫性将一天的工作分为 A、B、C、D 四类，具体如图 7-7 所示。

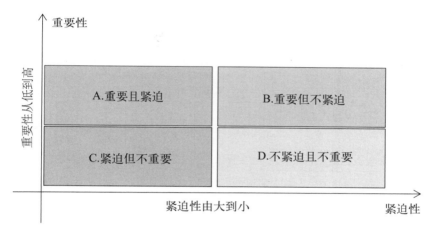

图 7-7　四象限法

以一位秘书工作为例，具体做法可以为两步。

第一步：先根据一天的工作简单清晰地列一份清单，大致有 7 件事。

a. 到某餐馆订餐，经理中午要宴请客户。

b. 给 A 公司的王秘书打电话，确定合同签订事宜。

c. 给远在北京的 B 公司副总发一封业务邮件。

d. 完成报告写作工作，并打印成文。

e. 安排领导与客户会面。

f. 给一个同学打电话。

g. 为领导报销出差费用。

h. 其他不可预见的临时性工作

第二步：按照重要性和紧迫性两个维度对以上工作进行分类，绘制一张矩阵图，如图 7-8 所示。

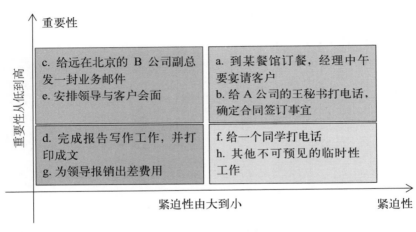

图 7-8　四象限法则实例分析

（2）采用正确的工作法：番茄工作法

实现今日事今日毕的工作目标，在制订计划的基础上，还需要采取高效的工作方法。这里提供一种非常高效的方法：番茄工作法。这种方法可以帮你最大限度地戒掉拖延的坏习惯，培养立即行动、有效专注的好习惯。

番茄工作法的流程如图 7-9 所示。

从图 7-9 中可以看出，完整的番茄工作法链条大致包括两个：第一个是在无中断的情况下，沿着①②③④的路径进行，同时做⑤⑥两步。每一步骤的具体含义如表 7-1 所列。

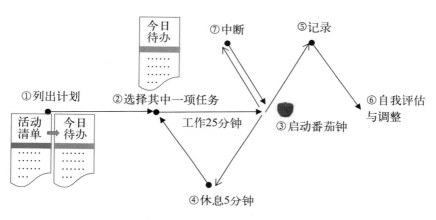

图 7-9　番茄工作法的流程

表 7-1　番茄工作法无中断情况下的实施步骤

步骤	含义
① 列出计划	将所要完成的工作进行拆分和细化，形成活动清单，并选择当日要完成的任务，形成今日待办清单
② 选择其中一项任务	按照任务的轻重缓急程度，从今日待办清单中，选择一个任务。同时，对其他工作任务排出先后顺序
③ 启动番茄钟	设定番茄钟，时间为 25 分钟，开始专心致志地做该项任务。25 分钟后，番茄钟响铃，停止工作
④ 休息 5 分钟	5 分钟内可进行放松、锻炼、闲谈、喝水等活动，5 分钟后开始下一个番茄钟后，一直循环下去，直到完成该任务，一般来讲，每循环四个番茄钟后，安排一次较长休息（15 分钟）
⑤ 记录	每完成一个番茄钟，就在任务清单中删除该任务，同时做详细记录，以形成评估和调整的依据
⑥ 自我评估与调整	评估工作完成的质量和效果，总结经验，对不足之处进行调整改进，优化下一步的计划方案

第二个是在有中断的情况下，可以按照①②③⑦的路径处理。其中，中断分为两种情况：一种是内部中断，比如，突然想起有一个重要电话要打，饿了想吃点东西，对于内部中断，只需要把中断的情况简单记录下来，然后继续手头的工作即可；另一种是外部中断，比如领导临时召唤、有新邮件等，对于外部中断，除了刻不容缓的事件，其他都记录为"计划外紧急"，将其留在稍后的番茄时间中重新计划，尽量不要在当时直接处理。

番茄工作法中有中断情况下处理方法如表 7-2 所列。

表 7-2　番茄工作法有中断情况下处理方法

2023 年 2 月 9 日				
◎ 时间	任务	预估	执行	备注
14：10	撰写文件	2	☑	
15：20	开会	4	□□□□	
			□□□□	
			□□□□	
			□□□□	
计划外事项				

小　结			
预估番茄		内部打断 次数	
实际番茄		外部打断 次数	
⌛ 番茄数制订是否合理（若不合理，分析原因）			
⌛ 内部打断的原因及改进策略			
⌛ 外部打断的原因及改进策略			

很多人都喜欢做"加进来"的工作，认为是领导交代的，是必须优先完成的。其实，除少数工作真正需要立刻处理外，其他都可以推后。为了维护番茄时间的完整性，是可以对紧急任务说"不"的，确保特定任务在番茄时间内完成是首要目的。

这也是番茄工作法的最大优势，最大限度保证不受外界一切干扰，集中注意力专做一件事情。从而高效掌控时间，大幅提升工作效率。

（3）充分利用碎片化时间

有了计划，有了方法，还需要充分利用碎片化时间。时间从来都不会偏向任何人，它给每个人的都是 8 小时，8 小时很短，是因为时间永远按照一样的速度飞逝；8 小时也很长，是因为每个人对时间的利用率不同。有的人充分利用一切可利用的时间，比如：早上醒来用 5 分钟回顾一下昨天的工作情况；坐地铁上班时间梳理一下今天的工作安排；去厕所的路上思考一下重点工作应该如何开展；睡觉之前，总结一下今天的成果。

鲁迅说过，"世界上哪有什么天才，我只是把别人喝咖啡的时间用在了工作上了"，这句话也适合每个职场人。每个人要学会充分利用碎片化时间，把多个碎片时间叠加，就可能有 30 分钟、60 分钟甚至 120 分钟，积少成多，就会引起从量变到质变的飞跃，轻松做到今日事今日毕。

7.3.3 培养学习能力，主动充电

在工作中，随时会遇到棘手的问题，或者接触自己不擅长的领域，只有一个方法可以攻克这些问题，那就是持续不断学习。不断学习是自我赋能的最主要方式，学习与工作相关的知识或技能，工作起来才会更加得心应手，自身的职业竞争力也会在学习中得到提升。这是一个不断学习乃至终身学习的时代，不学习，很快就会落伍，就会被淘汰。

那么，主动充电的方式有哪些呢？一般来讲有 3 个途径。

（1）多读书

阅读范围要尽量广泛些，不要仅限于专业类或自己感兴趣的书籍，局限在狭隘的知识体系中。包括哲学、经济学、社会学、心理学、美学及艺术设计相关的书籍都要有所涉及。这个时代要求我们既要有自己的专业深度，同时也需要有知识广度。

书籍蕴含着千百年来人类的智慧与理性，多读"杂"书能够很

好地帮助你增强人格魅力和综合素养。

那么，如此多种书如何看得过来呢？笔者个人做法是，如果不出差并且也没有外出活动的话，会在晚上安排 1 小时的阅读时间。每次一个种类的书籍看 5～10 分钟，这样每天积累下来，2 个月的时间就足够可以看完了。

书籍是一种工具，它能在黑暗的日子鼓励你，使你大胆地走入一个别开生面的境界，使你适应这种境界的需要。书中有各种各样的知识和技能，要认真读书，多读书，多学习。

（2）跟人学

找到自己欣赏、尊敬的人，并向他们学习。向优秀的人看齐是最好的学习途径之一，身边的优秀人士可以给我们提供很多学习的机会和启示，他们的成功经验和方法可以帮助我们更好地成长和进步。

那么，如何向优秀的人学习呢？如图 7-10 所示是一些常见的途径。

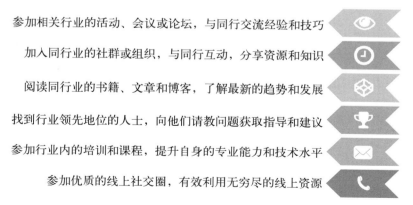

参加相关行业的活动、会议或论坛，与同行交流经验和技巧

加入同行业的社群或组织，与同行互动，分享资源和知识

阅读同行业的书籍、文章和博客，了解最新的趋势和发展

找到行业领先地位的人士，向他们请教问题获取指导和建议

参加行业内的培训和课程，提升自身的专业能力和技术水平

参加优质的线上社交圈，有效利用无穷尽的线上资源

图 7-10　向优秀人学习常见的途径

这里重点提一下线上社交圈，社交圈已经成为目前自我赋能最有效的平台，从事时尚品的，就得走进时尚圈，从事投资的，就得走进投资圈，圈子已经成为同行之间相互学习的一个重要渠道。所以，跟人学，用好圈子很关键，多参加一些同行圈子，并保持优质的交流学习。

通过以上途径，可以不断地从优秀同行中汲取营养，吸收他们的经验和教训，掌握更多的技能和知识，提高自己的竞争力和行业地位。同时，也要注意发掘自己的潜力和特长，不断完善自我。

（3）跟事学

跟事学是一种实践型学习方法，它强调通过亲身经历和实践来积累知识和技能。具体而言，就是在做事的过程中不断地总结、反思和改进，从实践中汲取经验和教训，不断提高自己的能力和素质。

这种学习方法的优点在于可以使我们更加深入地理解和掌握所学的知识和技能，同时也可以增强我们的实际操作能力和应变能力。通过跟事学，我们可以更好地将理论知识转化为实际技能，更好地适应工作和生活的需要。

生活处处皆修炼，可以在工作中、生活中或某一件事情中，去磨炼自己、成长自己、提升自己，让自己成为时时刻刻可以学习之人。当然，在跟事学的过程中，也要注意及时总结和反思，避免重复犯错，不断改进和提高自己的工作效率和质量。

7.3.4 > 自我增值，经验是最好的导师

在职场上，我们可以获得各种各样的经验，包括与不同类型的

人沟通、协调团队、解决问题、处理压力和挑战等。这些经验可以帮助我们成长为更加职业化的人，并且在未来面对类似情况时更加从容和自信。

值得注意的是，职场经验并不仅仅是完成特定任务的能力或知识。这也包括了与他人沟通和协作的技能，以及与上级、下属和同事建立良好的关系的能力。这些技能和能力是我们在职场上成功的关键。

同时，必须指出的是，职场经验并不仅仅是摆脱失败带来的教训，还包括在成功中积累的经验和行之有效的技巧。因此，我们应该继续努力学习和不断提高自己，让职场经验成为我们成功的坚实支撑。

总之，职场经验是我们职业生涯中最宝贵的财富之一，是自我增值的最好的导师，通过工作和生活中的经验，可以学到很多宝贵的教训和经验，尤其是那些从失败中获得的经验和教训。这些经验可以帮助我们更好地理解自己、他人和环境，在未来的职场中更加从容、自信、有效地应对各种挑战，实现职业上的成功。

然而，若想在经验中取得"真经"是需要耐心和恒心的，必须注意方式方法。以下是一些方法供参考。

（1）总结经验教训

当从经验中学到了新的东西，不管是成功还是失败，都应该对此进行总结，记录下来。这样可以帮助你更好地理解已经做过的事情，找出哪些方面做得好，哪些方面可以改进。

（2）与他人交流

在职场上，会接触到各种各样的人，他们有不同的背景、经验和知识，你可以利用这个机会向他们学习。和同事、领导、业界大牛等多沟通交流，以获取更多的灵感和知识。

（3）接触新事物

如果想从职场经验中学到新的东西，那么就需要接触新的事物，比如新技术、新行业、新思维方式等，以寻找新的灵感和启示。

（4）提高问题解决能力

在职场上，你会遇到很多问题和挑战，而解决这些问题和挑战可以帮助你从经验中取经。因此，提高自己的问题解决能力，寻找更好的解决方案，可以积累更多的经验。

总之，在职场中我们可以学到很多经验和教训，但如何从这些经验中获得启示就需要我们去发掘。我们要时刻保持好奇心和学习的态度，不断地思考和总结，从而开拓新的思维和方法，实现个人的职业目标。

7.4　自我赋能的 3 种重要方式

7.4.1 利用企业培训加强自我学习

优秀企业都非常重视对员工的培训，他们将培训当作增强员工素质、提升企业竞争力最有效的手段之一。比尔·盖茨曾说，企业给员工最大的福利是送出去培训。任正非也曾说，培训工作很重要，它是贯彻公司战略意图，推动管理进步和培养干部的重要手段，是华为公司通向未来、通向明天的重要阶梯。

可见，企业对培训工作非常重视。那么，从员工的角度讲，如何最大限度地利用企业的培训机会呢？

（1）认真对待，珍惜机会

在大多数人头脑中，企业培训只针对重点岗位、在某领域有突出成绩的关键性人才，或有潜力的新员工，并不是每个人都能享受到。这种说法比较片面，其实，现在很多企业，培训已经成为一种普惠性的福利制度，人人享有。

有些人可能会质疑，员工培训不是人事工作的一部分吗，怎么会是员工福利？当员工新进入一家企业后，最初接受的常规培训确实是企业人事部门提供的，但事实上，员工培训远不止于此，还有部门内部的岗位培训。

岗位培训才是企业真正重视的，旨在挖掘员工的内在潜力，提高员工的工作技能，传递企业的品牌文化。岗位培训，对员工而言是一种福利，对企业而言是一种投资，虽然它不像年节福利、假期福利、津贴福利等福利形式那样，可以直观地展现出来，但它可以为员工赋能和自我增值提供途径和环境，使员工在自己的职业生涯中取得更高的成就。所以，这部分培训，是企业对员工付出的一种回报，毋庸置疑归为一种福利。

目前，大部分企业已经重视起这项员工福利，着手建设企业内部体系化员工培训福利计划，形式也是多种多样，具体可以分为企业内部培训和外部培训，如图 7-11 所示。

对这种普惠性的培训，正确做法是认真对待，珍惜机会，因为人人都在享受福利，谁足够认真，谁就能把握住机会，强大自己。

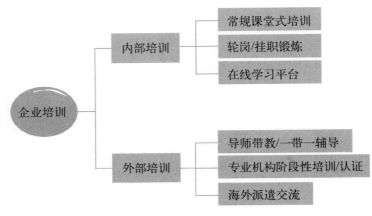

图 7-11　企业培训的形式

（2）主动提出，主动争取

上面讲到培训大致有两种，第一种是公司内部提供的培训，第二种是自己主动寻求的外部培训机会。

我们先来说第一种，第一种情况以大型外企居多，会鼓励员工学习一些平台内和平台外都会用到的通用课程，比如 IT 类和语言类课程，学习完毕并通过考试后，公司会有一些补贴，基本上是全额补贴。

对于第二种情况，则要看所在公司的具体文化，一般在注重员工成长的公司，会以各种形式鼓励员工参与外部培训，而这种培训甚至可以由员工自行选择资源，公司提供全额报销，这样的机制其实也是一种跨越平台的赋能。当然，有时也需要我们自己去进行争取。

（3）积极参加各种行业大会

行业大会也是很好的扩展视野的方式。行业大会一般有两种途径可以选择。

一种是本行业的行业大会。通过行业大会，我们可以跟踪到本行业发展的最新趋势，以及行业内头部企业或新兴企业的最新研发或设计成果，这些都是对我们的赋能。

另一种就是非本行业的大会，这样范围就很大了。目前市面上的行业大会有很多，不仅包含一些大众行业，如汽车、通信等，还包含一些相对小众的行业，特别是某一大众行业下的分支方向。对于这些行业大会，我们既要根据自己职业发展相关的点进行选择，特别是一些综合性的大会，包含了不同的学科内容，也可以基于自己的兴趣点进行选择。

无论参加怎样的大会，我们每时每刻都在被赋能，能发现很多灵感，能收集到很多关键词，能够指引我们去接触行业内更多的知识和最佳实践。这时候，我们一方面要第一时间收录到自己的知识库中，还需要花时间进行消化，并在后续进行更为深入的调研。

7.4.2　主动向领导争取有利资源

职场中，若想实现快速的自我成长，需要借助一切有利于自己的资源。绝对资源才能带来绝对的优势，拿到的资源越多，在竞争中的优势就越大。而有些资源往往是等不来的，因为一个企业的资源是有限的，领导更愿意将资源分配给最主动、最优秀的下属。所以，要想获得资源必须自己主动争取，并大胆说出来。

这太难了，我做不到。——我需要更多的指导，需要多些人手。

这个项目没有资金要怎么做？——我需要更多预算。

我这也是为了公司的利益。——我需要你更多的支援和理解。

你为什么总是指责我？——我需要你更多的正面回馈，这样会增强我的动力。

那么，如何更主动地获取资源呢？

（1）明确目标

并不是所有资源都适合去争取，而是一切要围绕自己的目标，只选择对目标达成有帮助的。所以，在争取某个资源前，明确目标很重要。

接下来结合一个中层管理者，就年度洗车项目所需的资源进行阐述，进一步阐述如何明确目标。

① 明确最重要的目标。

A. 明确自己最重要的目标是什么？（实现年度盈利 1 亿元。）

B. 明确目标目前的完成情况。（已经跑通市场、产品流程，但没跑通盈利模型，第一个季度实现了总目标的 20%。）

C. 这个目标何时一定要完成？（12 月份。）

② 明确目标的进展和差距。

A. 目前距离最终完成还差多少？累计投入了多少资源？（已经投入 3 个月的时间，300 万元成本，还剩 9 个月时间，还差 8000 万元的盈利额。）

B. 资源与成果的投入产出比稳定吗？与预期相比如何？（目前每个月的投入固定，但是产出不达预期，很难实现领导的预期。）

③ 已经获得了哪些资源。

A. 领导已经给了自己哪些资源？比如，时间、权限等。特别是给了我最高的权限，是创新项目的最高负责人，有权调动其他部门配合。

B. 还需要哪些资源？比如，缺推广渠道的支持、缺销售人员的培训、缺深造资金等。将所需资源放在计划中，让领导明白投入多少资源一定能完成目标。

这里再补充一点，即在获得充足的资源后，目标在实现过程中仍可能存在问题。比如，在实际运营中已经发现，洗车项目是一个毛利率较低的项目，在获得一定资源的前提下，也根本无法实现盈利预期。

所以，项目结束了还需要重来。因此，向领导要资源，最根本的是要目标，对齐预期，不然白白做了无用功，浪费资源。

（2）找到争取资源的切入点

很多时候不是你尽力去争取，就能争取到资源，关键是将领导说服，让领导意识到将资源给你是值得的，是能产生高回报的。

因此，对于下属而言，在向领导争取资源时要找准切入点，常用的切入点有如图 7-12 所示的 4 个。

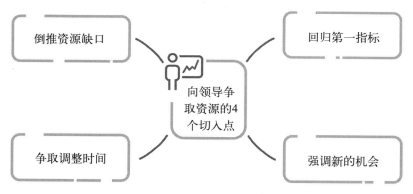

图 7-12 向领导争取资源的 4 个切入点

① 倒推资源缺口。

领导：我们洗车项目已经跑了 3 个月，目前最大的挑战是毛利率太低了，这跟我们选择的试点城市有关，当地洗车客单价过低，我们需要换一个试点城市，比如，深圳。但是目前我们的合作项目都在三线城市，您看我先重点沟通深圳的项目资源，可以吗？

②回归第一指标。

领导：洗车项目已经推进 3 个月了，因为洗车工的招聘耽误了时间，线下的推广也不是很顺利，进展很慢，我想跟您再确认一下，关于洗车项目，您最看重什么指标？在您看来，我们做好哪一点，工作是合格的？

③强调新的机会。

领导：我们在复盘的过程中发现汽车保养类的项目毛利更高，洗车的毛利是 ×%，保养的毛利是 ×%，但是我们目前项目缺少保养类的人才，所以我想新增一个保养品类的专业岗，来提升我们的服务品类和毛利率。

④争取调整时间。

领导一开始要的是直接实现盈利，但新项目跑 MVP（minimum viable product，最小可行产品）遇到了各种问题，所以我向领导汇报的是，我们先跑出模型，实现首个里程碑，单月实现盈亏平衡，这样是否可以？（主要争取的是时间资源。）

向上争取资源是自我赋能的重要方式，但一定要选择好切入口，然后正式沟通，有理有据，让领导足够信任你。同时要保持好心态，因为资源永远有限，再信任你的领导也不一定会满足你，要做好争取不到的心理准备，不要因失败而产生挫败感。

7.4.3 多与同行展开交流合作

与同行展开交流合作，可以相互促进业务进步、分享经验和资源等，以下是具体做法。

（1）参加行业活动或会议

参加行业活动或会议是与同行交流合作的好方式。这样你可以结识更多的同行业者，了解他们的业务和经验，并且将你自己的信息传达给他们。通过这些活动和会议，你还能够发现新的客户、推广自己及提升自己在业内的知名度。

（2）利用社交媒体平台

社交媒体平台提供了结识同行的机会，例如，LinkedIn、微信等。在这些平台上，你可以加入相关的行业群组，与同行进行交流、分享文章和查看请教。当你帮助别人时，也可能得到同行业者的支持和帮助。

（3）开展项目合作

在一些特定的项目中，你可以考虑与同行业者合作，在弥补自身不足的同时，也可以相互学习。这种方式的优点是相互营利，同时增强彼此之间的合作关系。

（4）建立业务伙伴关系

在合适的情况下，与同行建立业务合作关系可以共同提高业务水平。例如，你可以与其他同行业者合作进行营销、拓展新市场和资源整合等方面的工作。此外，你也可以利用这种方式来寻求教育、技术和行业支持等方面的帮助。

（5）交换经验

通过向同行询问建议、分享自己的经验和知识来建立良好的互相帮助关系。这样不仅可以加深彼此之间的了解，同时也可以提高自己的知识水平和业务技能。

总之，与同行业者的交流合作可以促进业务发展、提高竞争力并创造更多的机会。与同行保持开放、相互尊重和信任，建立良好的合作关系，共同成长和发展。

第8章

向上管理过程中常遇问题及对策

　　向上管理是一项挑战性较大的任务，需要下属具备许多技能和品质，如领导能力、沟通能力、合作协作能力、执行力和创新能力等。也正因为此，常常会遇到很多问题，但这些问题并不是无法解决，只要抓住问题的核心，并不断努力学习和提高自己，就可以在向上管理中取得成功。

Q1: 向上管理的意识有了，为什么效果很差

A: 虽然很多下属有向上管理领导的意识和行为，但实际效果往往很差。这是因为有些下属将向上管理看作单纯地与领导沟通，做工作汇报，其实这是一种误区。向上管理包括这些，但更多是一种主动付出的行为，如果你与领导沟通、做工作汇报，只是要资源，诉苦、摆问题，那是极其被动的，最终也只能落得个职场苦力的下场。

做好向上管理核心是用自己的能力、资源去配合领导工作，主动提供价值，影响和引导领导做出更好的决策，对领导的需求和目标给予支持，解决工作中遇到的问题。

所以，向上管理要从认知改变一种认知误区，即不是向领导讲困难、摆问题，而是积极主动地配合、帮助领导解决问题。

Q2: 领导太强势，无法进行深度沟通

A: 在向上管理过程中，下属最怕的就是遇到强势的领导。这样强势的领导，说话语气和行为表现很强势，而且层级观念十分重，认为上级就是上级，下属就是下属，往往不会给下属机会。作为下属，在与强势领导相处时，要遵循一些基本原则。

首先，要保持冷静，不要让情绪影响你的判断和行动。

其次，要尽量理解领导的权威和意见，了解他们的需求和优先事项，以便更好地协调和沟通。

最后，拿出自己的优势，比如专业特长、事实依据，以证明自己，坚持自己的观点。领导往往是通才，而下属是专才，要善于发

挥自己的优势，如果有必要，可以通过沟通和合作来达成共识和解决问题。

Q3：计划很完美，却得不到资源倾斜

A：有些下属，在自己的计划中已经讲得非常明确，而且保证在一定的资源倾斜下完全可以实现预期目标，为什么依然无法得到领导足够的资源倾斜。其实，原因还在于太过于保守。在领导面前过于保守，限制了自己表达真实想法的欲望，从而影响到工作效率和质量。

比如，领导安排的工作要求做到 60 分，以现有的资源只能做到 65 分，你内心是不是也想要更多的资源，力争做到 90 分，甚至 100 分？答案是肯定的，任何人都想将工作做得更好，只不过不敢去争取。

假如，领导安排给你一项工作，要求是做到 60 分即可，同时，他给你的资源可能也只保证做到 65 分。这时，你可以建议自己能做到 90 分，甚至 100 分，领导自然满意，那么前提是需要更多的资源支持。那么问题来了，如果届时做不到 90 分或 100 分，领导会怪罪吗？大概率是不会的，即使当资源倾斜到自己身上时，最终只做到了 80 分，其实也已超出领导曾经 60 分乃至 65 分的预期。

领导十分善于为下属"画饼"，以激励下属更好地工作，那么，下属也可以为领导"画饼"，目的是获得更多资源支持。需要注意的是，在这段时间的工作中，要向领导进行更多请示和汇报，以让领导更多地了解你的工作进程及取得的成果和遇到的问题。这样一来，你和领导都是实现共同目标的下属和员工。同时，领导也会明白达不到 90 分或 100 分的客观原因。

Q4：建议很合理，领导却不采纳

A： 倘若想让领导采纳自己的计划和建议，首先需要自己有非常强的影响力，在整个企业或团队中有一定话语权。

影响力，顾名思义就是影响他人的能力，话语权就是你说的话，他人愿意听。影响力和话语权，对向上管理有多重要呢？接下来，可以通过一个案例看看。

企业中的市场部主要职责是做市场推广，而市场推广通常需要多个部门协同合作，如财务部、技术部、生产部、客服部等。这时，假如市场部的员工 A 能够在公司的范围内对财务、生产、技术有很强的影响力，那么，A 就可以通过协同各部门成员影响领导的决策。这个时候领导就不得不听 A 的，因为领导所做每一个决策是需要包括 A 在内的所有人去执行的，一旦 A 觉得难以实施，就能说

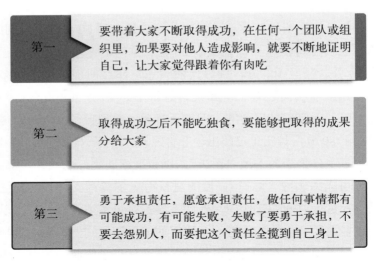

图 8-1　影响力和话语权构建方法

第一　要带着大家不断取得成功，在任何一个团队或组织里，如果要对他人造成影响，就要不断地证明自己，让大家觉得跟着你有肉吃

第二　取得成功之后不能吃独食，要能够把取得的成果分给大家

第三　勇于承担责任，愿意承担责任，做任何事情都有可能成功，有可能失败，失败了要勇于承担，不要去怨别人，而要把这个责任全揽到自己身上

服下面各部门不去做。相反，如果领导征求用什么方案，大家肯定
会建议用 A 的，这个时候，领导事实上就被 A 向上管理了。

这个事，其实就是典型的下克上，所以很多时候，要想管理好
自己的领导，建立自己的影响力和话语权是非常重要的。至于，影
响力和话语权应该如何构建，方法很多，下面简单列举三点，如图
8-1 所示。

Q5：做的决定很正确，但领导不买账

A：可以提出建议，但无论什么时候，永远都不要替领导做决
定，把最终定夺权留给领导。

否则，就构成了对领导权力的挑战。在职场中，领导的权力是
一条永远不能逾越的红线。领导与普通员工的最大区别就是拥有一
定范围内的决策权和资源分配权，很多人误读了向上管理，在这个
问题上犯低级错误。

不要觉得自己有能力，被领导看重，就失去了原则性、敏感
性。即使被委以重任，起码要在最恰当的时机对领导进行汇报，避
免与领导决策出现偏差。很多人觉得，汇报也是白汇报，有些领导
根本不关心业务，甚至连看都不会看。这样的想法错得离谱。古往
今来，一个管理者最怕的就是自己被下属架空，如果他一旦发现整
个组织渐渐不在控制范围内，就会立刻警觉。这个时候，就难免会
对你心怀芥蒂。

职场上，当领导对你有芥蒂时，你距被离职已经不远了。

Q6：工作汇报含金量低，领导不重视

A：这是因为领导给下属的汇报时间往往是有限的，下属需

要在汇报之前就思考汇报的重点内容。比如，你的目的是让方案通过，就应该充分阐述方案的可行性；如果是想得到上级的指导，重点就要放在解释方案中不完善的地方。

一份完整的汇报至少要包含 5 部分内容，如表 8-1 所列。

表 8-1　完整的汇报包含 5 部分内容

步骤	含义
进度	任务进展是否顺利，比预期快还是慢，是否需要延期
需求	是否需要其他同事协助，或是资源上的支持
业绩	项目已经完成就汇报结果，还未完成就说明已取得的进展
意外和困难	让上级及时协助你解决
建议和规划	相当于工作复盘，有助于工作的进一步开展

在汇报时要注意汇报顺序，汇报顺序常见的参考标准如下。

第一，按时间顺序。比如先总结上季度的进度和业绩，再分析当前的需求和困难，最后说下季度的规划。

第二，按影响力排序。比如任务推进中遇到了困难，可以先阐述困难点，再汇报其他工作内容。

第三，按领导的关心程度。比如上级更关心业绩，就先说整体的销售数据。

Q7：怎么拒绝能力范畴之外的工作

A：日常工作中，常常被领导安排能力范畴之外的工作，对于这部分工作，很多下属很为难，接也不是，不接也不是，一个是时间、精力不够，更重要的是有时根本没有能力去完成。

这时，作为下属该如何学会为自己"开脱"，同时又不会让领导下不来台。千万别直接说"这不是我的工作""这个谁比较擅长"，这么做，后果就是，让领导下不来台，即使知道自己搞错了，也很可能会说"我知道，你不愿意吗？"

正确的做法是："领导，我之前一直负责某项目，您现在说的这些，其实我并没有经验，对我来说是一个挑战，但我愿意试一试，不过，我确实有些担心经验不足会影响项目的整体。据我所知，小张、小王在这块儿比我有经验，我能不能邀请他们跟我一起协作，以保证落地的效果？"

当这么说时，领导自然会掂量一番，一般会给出两种答复，一个是给你配备小张、小王两位助手，冒险让你试一试；另一个是你干脆不用做这件事情了。无论哪种答复，既能体面地回绝领导，又能让领导知道自己擅长做什么，不会什么。同时，还会认为是可塑之才，做事稳妥，考虑周全。

简而言之，不能直接拒绝，通过表达困难、经验不足的方式，来暗示领导这不属于自己的工作范畴，以便让领导及时领会，再酌情考虑是否做安排。

Q8：领导思路混乱，让我很困惑怎么破局

A：面对一个问题，领导思路混乱，不清楚自己要什么，往往只有下属做出来之后才有点眉目。这是向上管理过程中，下属经常遇到的一个问题。

面对这样的问题，下属一定要记住有"确认"的动作。比如，向领导汇报工作，无论领导是否听明白，作为下属都要用语言进一步反馈和确认。

同样，对于领导布置的工作，下属也要有一个"确认"动作。比如，用笔在本上记录一下。对于特别重要的项目和特别大的事情，尤其是跨部门沟通的时候，除了口头确认以外，还要发邮件确认，确保双方对项目或工作的理解是相同的。确认好了以后，就意味着你们两个之间彼此达成了共识。

Q9：如何向领导提出反对意见

A： 人通常接受反对自己的"意见"较难，而对自己有利的"建议"则比较容易接受，这是共性，尤其是双方在经历、职位、地位及受教育程度有差异时，有优势一方对无优势一方提出的反对意见更难接受。下属与领导就属于这种情况，作为下属，如果对领导提出反对意见，领导很难真正地接受。

那么，下属是不是就不能向领导提出反对意见呢？答案是能，不过需要注意提意见的技巧。

一般不建议直接提，也不要大篇幅地去讲具体方案，而是要遵循如图 8-2 所示的"十二字"原则。

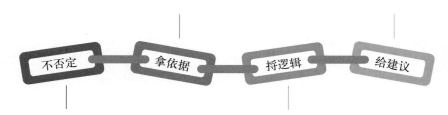

图 8-2　向领导提出反对意见的"十二字"原则

该原则重点突出对领导意图背后的数据、依据和逻辑的理解，从而引导领导自己做出决策。

比如："王总，对于您提的将客户投诉率降低至 0.01% 的要求（不否定），我做了一项调查，列出了几项数据（拿依据），数据表明……（捋逻辑），所以我的建议是……（给建议）。"

Q10：如何拒绝领导不合理的要求

A：对于领导的要求，作为下属要努力完成，但并不意味一定要全部应承下来，对于不合理的要求就是要拒绝。需要注意的是，对于不合理要求也不能直接拒绝，而是要采用迂回战术，间接拒绝。具体可以采用如图 8-3 所示的策略。

图 8-3　迂回拒绝领导不合理要求的策略

换位思考（领导为什么这样安排），移花接木（不立刻否定，给自己留出余地，比如"我担心无法胜任您交代的工作，反而会损害公司利益，想了解清楚后再给您答复"），找出解决方法（讲明自己无法胜任的原因，并推荐合适人选），主动要求领导配合（如果领导仍坚持自己的安排，也不必硬扛，主动向领导寻求帮助，比如，人、财、物等。）

Q11：如何适度呈现自己的功劳

A：在向领导汇报工作时，呈现自己的功劳是需要技巧的，时机要抓准，而且不着痕迹地呈现，避免给领导留下邀功、抢功的坏印象。

一般来讲，是先讲团队成绩，再讲个人成绩，强调成绩是团队共同努力的结果，淡化个人的作用。具体可以按照如图8-4所示的去做。

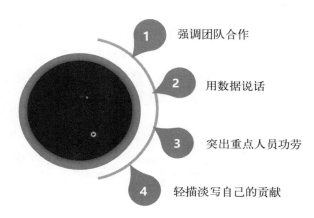

1 强调团队合作

2 用数据说话

3 突出重点人员功劳

4 轻描淡写自己的贡献

图8-4 适度呈现自己功劳的技巧

（1）强调团队合作

除了展示个人贡献外，也应该强调团队合作的重要性。强调整个团队所取得的成绩，让领导感受到你是一个有团队意识的人。

（2）用数据说话

如果有数据支持自己的工作成果，可以在汇报时使用这些数据，以此证明自己的工作是有成效的。

（3）突出重点人员功劳

在团队中，如果有其他成员也有贡献，应该给予他们应有的肯定和赞扬，避免给领导留下抢功或者忽视别人贡献的嫌疑。

（4）轻描淡写自己的贡献

在向领导汇报工作时，可以适当突出自己在团队中的贡献，但要避免过度夸大或炫耀，应以客观真实的态度呈现。如果有必要绝口不提，也未尝不可。

团队项目讲功劳要注重大局，而且越注重大局，领导往往越会往个体身上想，肯定是团队负责人努力的结果。总之，在向领导汇报自己的工作成果时，要以客观、真实、合理的态度呈现，并且强调团队合作的重要性，这样既能展示自己的能力，也能体现出一个团队的凝聚力。

Q12：如果做错事了该怎么办

A： 如果你在职场中做错了一件事情，你的领导未必会告诉你，但他的心里会有疙瘩。

千万不要给领导一个心里留下疙瘩的机会，要火速处理。一定要找时机主动认错，这个动作不能省。

认错一般有三原则：一要快，二要诚恳，三要体现在行为的改变上。

还要对自己提出严格要求，凡事都要请示自己的领导，让他做主。向他请示表示你尊重他，任何时候都不要剥夺他做决策的权力。

Q13：年终总结该怎么写

A： 要根据公司年终会议的主题和定调进行调整，不过，不要太过于生搬硬套，一般要遵循如下的原则：

① 成绩和经验要体现清楚，比如，每个月的 KPI（关键绩效指标）完成情况，高峰和低谷的原因，如何改进我的业绩，要有具体的改进方案，还有业绩以外的贡献，为客户做了些什么，为公司做了什么。

② 失败和教训总结得要接地气，避免套话和形式化。

③ 明年的工作计划（目标是什么，准备如何执行）。计划既要系统又要有可操作性，既要简练又要周全，既要高效又要通俗。

Q14：有新想法时要不要去找领导沟通

A：当下属有新想法时，鉴于以下原因，最好去找领导沟通。

（1）确保想法合规合法

领导可以帮助你了解公司的规章制度和相关政策，确保你的想法符合公司的规定和法律法规。

（2）确保想法与公司战略相符

领导通常会了解公司的整体战略和目标，如果你的想法与公司的战略不符，领导可以及时提出反馈并给予指导。

（3）获得更多资源支持

领导可以帮助你获得更多的资源支持，如预算、人力、技术等，从而更好地实现你的想法。

（4）增加分享交流机会

与领导沟通可以增加你与领导的分享和交流机会，从而更好地了解公司的发展方向和领导的期望，提高自己的认知和能力。

　　总之，在有新想法时，去找领导沟通是非常必要的。通过与领导的沟通，可以更好地理解公司的战略和目标，获得更多的资源支持，同时也可以避免违反规章制度和相关政策。

　　但需要注意的是，当有问题去找领导时，一定要带着想法和备选方案以及每个方案的利弊，即使是尚未成熟的想法也没关系，即使没有带着 100%，带着 60% 去找领导总比带着 10% 去找领导强。准备充分的数据、资料是非常有必要的，提供的信息越全面，领导决策会越容易。

Q15：当想法与领导有冲突怎么办

　　A：当自己的想法与领导产生冲突时，要先稳定领导的情绪。作为下属要比领导更大度一些，先承认自己的不足和错误，让领导觉得自己的想法被一定程度认可。而后，再表达自己的想法，这样，冲突解决起来就会容易得多。

　　具体可以按照如图 8-5 所示做法进行。

图 8-5　当想法和领导有冲突时的处理步骤

　　① 冷静思考：首先要冷静思考，了解自己的想法是否合理，并

尝试理解领导的立场和想法。

② 善意沟通：如果自己的想法和领导有冲突，可以通过善意的沟通来解决问题，可以向领导表达自己的想法，并尝试听取领导的意见和建议。

③ 寻找共同点：当自己的想法和领导存在冲突时，可以尝试寻找共同点，找到双方都能接受的方案。

④ 接受领导决定：如果经过沟通后，仍然无法达成一致意见，最终还是要尊重领导的决定，并且积极配合执行。

总之，在自己的想法和领导的想法冲突的时候，要以善意沟通为前提，尽量寻找共同点，同时也要尊重领导的决定，以保持团队的协调和稳定。